Mein Jakobsweg

Dieter Hörner

Info-Verlag
HÖRNER/MAUER

Im Schlangengarten 56
76877 Offenbach
Tel. 0 63 48/95 93 91
Fax 0 63 48/95 93 92
E-mail: info@infoverlag-hm.de

Redaktionelle Mitarbeit:
Karin Hechler
Barbara Hörner

Fotos:
Franz Schmidt
Dieter Hörner

Layout und Gestaltung:
CityMedia Publishing
Hochstadter Straße 2d
76877 Offenbach
Tel. 0 63 48/98 36-0
Fax 0 63 48/98 36-11
E-mail: info@citymedia-offenbach.de

Druck:
Warda+PartnerDruck GmbH
Im Schlangengarten 22a
76877 Offenbach

Inhalt

Der Weg ist das Ziel

Seien Sie mutig!

Schon wieder ein Buch von einem, der sich auf den Weg nach Santiago de Compostela gemacht hat und nach rund drei Monaten Laufzeit dort angekommen ist? Das werden sich manche fragen, die diese Ausgabe in der Hand halten.

Und doch: Dieses kleine Buch will etwas anderes erreichen, als nur eine kurzweilige Beschreibung einer zugegebenermaßen großartigen Pilger- und Wandertour abzuliefern. Es will in erster Linie Mut machen, nicht nur über ein solches Vorhaben nachzudenken oder zu reden, sondern es schlicht und einfach zu realisieren.

Als ich anfing, meine ersten Reisevorbereitungen zu treffen – das war rund ein Jahr vor dem Start – und es zunächst im Freundes- und Bekanntenkreis „ruchbar" wurde, was ich plante, da kamen viele zu mir, gratulierten mir spontan, sagten mir, wie sehr sie mich beneiden und gipfelten schließlich in der Bemerkung: „Das würde ich auch gerne machen." Meine einfache Gegenfrage: „Warum tust Du's nicht?" wurde entweder gar nicht oder nur halbherzig (sprich: ausweichend) beantwortet.

Ich behaupte heute, dass fast jeder den Jakobsweg laufen kann, wenn er einigermaßen gesund ist. Er muss es nur wollen.

Ich selbst war nie ein sportlicher Typ, habe mit 49 Jahren einen Herzinfarkt und eine anschließende Operation (5 Bypässe) dank Gottes und der Ärzte Hilfe überstanden und bin damit sicherlich nicht der Prototyp eines Menschen, der unbedingt 2.500 km mit einem 16 kg schweren Rucksack auf dem Buckel hinter sich bringen muss. Ich habe es gewollt und schließlich dann auch gekonnt.

Beruflich fíel es mir auch nicht ganz leicht. Schließlich hat man als Ortsbürgermeister, Erster Beigeordneter einer Verbandsgemeinde und Mitinhaber eines kleinen Verlages sowie zahlreicher Ehrenämter durchaus seine Verpflichtungen. Aber es lässt sich alles organisieren, man muss es nur wollen.

Aber dafür hat mir der Jakobsweg unendlich viel gegeben. Zunächst einmal Selbstvertrauen, dass ich so etwas nach meiner Vorgeschichte locker weggesteckt habe. (Ohne gründliche Vorbereitung mit täglich mindestens 10 km Fußmarsch und am Sonntag bis zu 30 km wäre es allerdings nicht gegangen). Darüber hinaus hat mir der Jakobsweg eine unendliche Fülle von Eindrücken geschenkt. Ob Landschaften, Kultur, Historie, es waren faszinierende Momente, die ich erleben durfte. Bei 50 Autofahrten durch Frankreich und Spanien hätte ich nicht die Hälfte gesehen.

Das größte am Weg aber waren für mich die Menschen. Eine gewaltigere Vielfalt an unterschiedlichen Charakteren habe ich in so kurzer Zeit noch nie erlebt. Nicht alle liebenswert, aber jeder für sich ein ganz spezielles und interessantes Individuum.

Deshalb: „Mein Jakobsweg" hat mir so viel Freude bereitet, dass ich ihn nur an Sie weiter empfehlen kann. Für mich war es keine spirituelle Reise, es war keine Reise der Seele, es war keine persönliche Herausforderung, es war keine ausschließlich religiös geprägte Wanderung, es war schlicht und einfach eine Mischung aus allem.

Ich erhebe mit diesem Buch auch keinesfalls einen literarischen Anspruch, denn es präsentiert zum größten Teil jeweils am Abend gefertigte Tagebuchaufzeichnungen. Ich will vielmehr einer journalistischen Pflicht nachkommen: Ich will informieren über den Jakobsweg und will Lust machen auf ihn. Hoffentlich kann ich viele mit dem Virus infizieren.

Dieter Hörner

PS: Genießen Sie die Zeit der Vorbereitung auf den Jakobsweg. Sie ist fast so schön wie das Wandern selbst.

Keine Hunde – keine Tapas

Speyer – Leimersheim

Marschbeginn an der von dem Münchner Künstler Martin Mayer geschaffenen Skulptur „Der Jakobspilger", den die Diözese Speyer der gleich-namigen Stadt zur 2000-Jahr-Feier geschenkt und in Sichtweite des Domes auf der Maximilianstraße aufstellen ließ.

Ich gehe durch die engen, verwinkelten Gässchen der Altstadt und registriere leicht überrascht, wie sehr sich Speyer in den letzten Jahren zu seinem Vorteil verändert hat. Mein Filzhut, den die Speyerer Hutmacherin Petra Thomas gemacht hat (übrigens ein Geburtstagsgeschenk meiner Frau), erregt Aufsehen. Er ist aber auch wunderschön und genau dem Hut nachempfunden, den der bronzene Jakobspilger auf seinem breiten Schädel trägt.

Verabschiedet von einigen Familienmitgliedern und Freunden geht's ab in Richtung Altpörtel.

Auch die weiteste Reise beginnt mit dem ersten Schritt. Werde ich die 2.500 Kilometer überhaupt schaffen? Das Bibelwort von „der Hand am Pflug" fällt mir ein. Ich werde nur nach vorn schauen.

So ein Zufall: Nach etwa 8 Kilometern, kurz vor Lingenfeld, begegnen mir zwei sportlich durchtrainierte 40jährige. Sie waren zwei Jahre vorher mit dem Rennrad in Santiago de Compostela. Sie schwärmen noch heute mit leuchtenden Augen davon.

Meine Äuglein leuchten wenig später. Da steht doch tatsächlich eine kleine Delegation am Lingenfelder Bahnhof, um den armen Pilger zu empfangen. Sie wussten wohl, dass ich Hunger habe: Eine dampfende

Schüssel voller Weißwürste, ein Korb mit frischen Brezeln, ein ordentlicher Pfälzer Riesling, das erfrischende Bellaris-Sprudel aus dem nahen Bellheim. Herz, was begehrst du mehr?

Pilgern macht Spaß. Bei diesem Wetter und bei diesen Gastgebern kein Wunder. Sogar meine treue Labradorhündin Bella ist begeistert. Immerhin fallen für sie heimlich zwei Weißwürste ab.

Nach einer Stunde heißt es Abschied nehmen. Germersheim wartet. Hier gibt's schon am ersten Tag eine Jakobskirche und davor einen Jakobsbrunnen mit einem künstlerisch gestalteten Pilger aus Bronze. Daneben hat ein cleverer Geschäftsmann einen Tapas-Laden aufgemacht. Aber kein Glück ist vollkommen: Der Wirt akzeptiert keine Hunde (typisch spanisch. Aber das kommt später noch). Also akzeptiere ich keine Tapas.

Die restliche Strecke bis Leimersheim führt am Rhein-Hauptdeich entlang, ist absolut eben und deshalb gemütlich zu gehen. Dass die Füße trotzdem allmählich anfangen zu brennen, hat sicher etwas mit dem Tagespensum von rund 30 Kilometern zu tun.

Pilgerbrunnen vor der Jakobskirche in Germersheim

Eine Jakobsmuschel aus Hagenbach

Leimersheim – Hagenbach

Es geht weiter am Rhein entlang. Verlaufen kann man sich eigentlich nicht. Und doch ist es mir gelungen. Nach rund 8 Kilometern musste ich nach rechts in Richtung Wörther Hafen abbiegen. Ich tat es hundert Meter zu früh. Nach einer halben Stunde erreichte ich einen Ort, der mir bekannt vorkam. Ich war im Kreis gelaufen, genau wieder dort gelandet, wo ich vor einer Stunde schon einmal gewesen war. Erste Ehrenrunde von etwas mehr als vier Kilometern. Ich gehe davon aus, dass es nicht die letzte bleiben wird.

Eine Überraschung aber erlebte ich am Ende meiner Ehrenrunde. Ein älterer Mann auf einem Rennrad fuchtelte schon von Weitem mit einem Arm in der Luft und rief: „Endlich hab' ich ihn gefunden, endlich hab' ich ihn entdeckt".

Er hatte mein Bild in der Zeitung gesehen und über mein Vorhaben gelesen. Er hatte sich ausgerechnet, wo ich etwa sein könnte und war mir entgegen geradelt. Stolz erzählte er mir, dass er im Vorjahr mit dem Fahrrad nach Lourdes geradelt sei. Santiago de Compostela stehe als nächstes auf dem Programm. Weil er aber auf dem Bild in der Zeitung gesehen hatte, dass ich ziemlich „schmucklos" war, brachte er mir ein Präsent, über das ich mich riesig gefreut habe: Eine Jakobsmuschel. Fachmännisch hatte er sie präpariert, ein Loch hineingebohrt, damit ich sie mir als Erkennungszeichen mit einer Schnur um den Hals hängen kann. Danke, lieber Herr Rühm aus Hagenbach, und viel Freude auf der Radtour nach Compostela.

Echte Jakobsmuscheln für den Pilger

Hagenbach – Munchhausen

Empfangen von Verbandsbürgermeister Dietmar Brand – und mit einem Brand-Wein als Wegzehrung versehen - und Hagenbachs Ortsbürgermeister Franz-Xaver Scherrer, die mir an der Dorfkirche stolz die Gedenktafel an Bernhard von Clairvaux zeigen, der auf einer Reise nach Speyer hier Station gemacht hat, geht's zunächst durch den Wald in Richtung Berg. Unterwegs gibt's ein wenig Unterricht in Sachen Hagenbacher Tradition. Immerhin führt hier eine Römerstraße vorbei, von der sogar noch ein Teil eines Markierungssteines vorhanden ist.

Wieder entlassen von den Hagenbacher Freunden geht's bei Lauterburg über die deutsch-französische Grenze, die eigentlich keine mehr ist. Das schöne Städtchen, in dem eine Frau aus Ludwigshafen den Pilger erkannte, musste ich bald verlassen, um nach knapp zwei Kilometern den Rhein zu erreichen. Dunkle Wolken ziehen bedrohlich auf, ich schaffe es gerade zum „Au Bord du Rhin", einem beliebten Ausflugslokal.

Ein Blick in die Speisekarte und meine Wahl steht fest: Jakobsmuscheln. Während ich sie genieße gießt es draußen in Strömen. Nach einer Stunde muss ich trotz des Regens aufbrechen. Die nächsten 6 Kilometer soll ein Regenguss mein ständiger Begleiter sein. Eigentlich wollte ich bis nach Seltz, aber in Munchhausen breche ich völlig durchnässt ab.

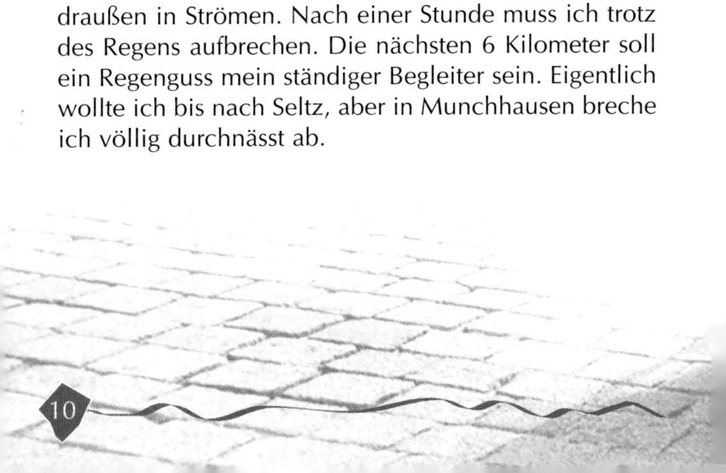

Es ist noch weit bis Spanien

Munchhausen – Sessenheim

Nach Gottesdienst und einer privaten Verpflichtung geht's zunächst wieder am Rhein entlang durch eine wunderschöne Landschaft bis zur Fähre nach Seltz. Dort mustert mich ein Spaziergänger von oben bis unten und sagt: „Bis nach Spanien ist es noch ein weiter Weg". (Wieder einer, der mich entweder an meinem Hut, meiner Muschel oder meiner Bella erkannt hat).

Anschließend gerate ich in ein kräftiges Gewitter. Versöhnlicher Abschluss: Die Sonne scheint in Sessenheim und am Abend gönne ich mir eine Spezialität der Region, einen Baeckeoffe.
Hier das Rezept:

Baeckeoffe

Zubereitung:
Je 300 g vom Schweinenacken, Rindfleisch und Lamm zusammen mit drei groben Bratwürsten würfeln. Salzen, pfeffern, mit zerquetschter Knoblauchzehe einreiben und mit Weißwein übergossen über Nacht ziehen lassen. Dann zwei Pfund rohe Kartoffeln, vier Stangen Lauch und vier Zwiebeln in Scheiben schneiden. Mit Salz, Pfeffer, Basilikum, Rosmarin, Majoran und mehreren Lorbeerblättern würzen. Danach alles schichtweise in einen Römertopf geben: Gemüse, Kartoffelscheiben, Fleisch, Gemüse, Kartoffelscheiben, Fleisch usw. jeweils einlagern. Einen dicken Batzen Schmalz obendrauf setzen und dann den Römertopf mit Wein bis zum Rand auffüllen. Im vorgeheizten Backofen zwei bis drei Stunden je nach Menge garen. Es empfiehlt sich, aus einem Teig den Deckelrand abzudichten. Schmeckt einfach toll.

Zutaten:
300 g Schweinenacken
300 g Rindfleisch
300 g Lammfleisch
3 grobe Bratwürste
2 Knoblauchzehen
1 l Weißwein
1 kg Kartoffeln
4 Stangen Lauch
4 Zwiebeln
Salz, Pfeffer, Basilikum,
Rosmarin, Majoran,
4 Lorbeerblätter,
etwas Salz

Zum letzten Mal: Familie und Freunde

Sessenheim – Hagenau

Start am Goethe – Museum in Sessenheim. Keine Wegmarkierung, miserable Strecke, meist Autostraße. Dafür werde ich entschädigt mit einem Abschiedsessen in Oberhoffen im „Cerf" wo sich große Teile der Familie und Freunde (Helga, Barbara, Heidi, Lothar, Erika und Sabrina Bach, Alois und Ingrid Michel, Arnold Hoffmann) eingefunden haben.

Von nun an gibt es nur noch telefonische Kontakte.

Das Abschiedsessen mit Familie und Freunden

Letzte gute Ratschläge

Die große Durststrecke

Hagenau – Mittelhausen

Es gibt Tage, an denen geht alles schief und dennoch machen sie Spaß. Einen solchen durfte ich heute erleben.

Schon der erste Gang in Hagenau entwickelte sich zum Flop. Ich suchte das „Hotel de Ville“ (Rathaus) auf, um in der Partnerstadt von Landau dem Hagenauer Oberbürgermeister Dr. Pierre Strasser eine Grußbotschaft seines Landauer OB-Kollegen Dr. Christof Wolff zu überbringen.

Strassers Sekretärin blickte den Pilger ungerührt an: „Dr. Strasser hat ein Gespräch, das noch mindestens eine Stunde dauert.“ Schade, sie hatte nicht erkannt, dass Pilger so viel Zeit nicht haben. Also übergab ich meine Botschaft und meinen kleinen Flachmann, den „Landauer Willi“ und machte mich auf meinen Weg, der mir wahrscheinlich noch lange in Erinnerung bleiben wird. Zunächst fragte ich mich durch zum Syndicat d'Initiative gegenüber dem Bahnhof. Meine Hoffnung, dort zumindest so etwas ähnliches wie eine Wanderkarte aufzustöbern, erwies sich als Fehlschlag. Zumindest in diesem Teil Frankreichs gibt es kaum Wanderwege.

Unverdrossen stapfte ich los in Richtung Brumath. Aber schon nach wenigen 100 Metern wurde mir der Autoverkehr zuviel. Wildentschlossen bog ich rechts von der Hauptstraße ab, in der Hoffnung irgendwann doch einen Feldweg in Richtung Brumath zu finden. Und das Glück schien mir hold zu sein, denn nach einer knappen halben Stunde auf der Anhöhe vor Wintershousen entdeckte ich einen Waldweg, der genau in Richtung Süden führte.

Geschafft!

Frohgemut marschierte ich los, um nach etwas mehr als einer Stunde am Ortsausgang von Hagenau anzukommen. Nur etwa 500 m weiter, wo ich vor 1 1/2 Std. das freundliche Städtchen verlassen hatte.

Also ging es jetzt entlang der Autostraße weiter in Richtung Brumath. Das Mittagessen in Niederschaeffolsheim war ein Reinfall, danach begann die große Durststrecke.

Da mein Rucksack rund 15 Kilo wog, wollte ich nur dort, wo ich durch wenige Dörfer kam, Getränke mitnehmen. In Brumath hatte ich noch keinen Durst, danach kamen nur Brunnen, geschäfts- und wirtschaftslose Ortschaften: Stephansfeld, Bilwisheim, Mittelschaeffolsheim, Rumersheim (hier konnte ich wenigstens meine Bella aus einem Gartenschlauch trinken lassen) überall Fehlanzeige. Dafür fand ich dann in Reitwiller etwas trinkbares, aber nichts wo ich mein Haupt hätte betten können .

„Vier Kilometer zurück , da gibt's ein Hotel" bedeutete mir eine freundliche Wirtin. Ich war fix und fertig, jetzt konnte nur noch ein Taxi helfen. Und es ging zurück nach Mittelhausen.

Ordentliches Hotel, aber die Küche geschlossen.

Fahrt ins Nachbardorf (der Wirt bot einen Shuttle an), endlich etwas zu Essen und zu Trinken.

Pilger müssen eben manchmal enthaltsam leben.

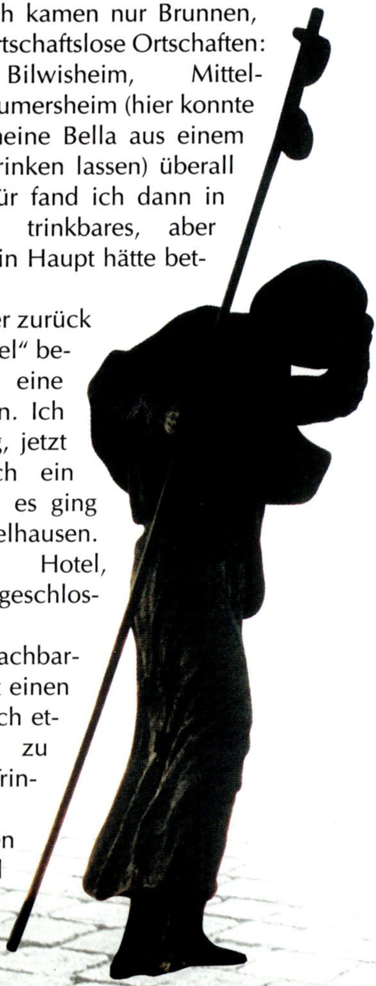

Bin ich schon Pilger?

Mittelhausen – Molsheim

Man sehnt sich nach deutschen Wanderwegen. Jeder Versuch, den Hauptverkehrsstraßen auszuweichen, wird sofort mit einem Umweg bestraft. Gewiss, für den Pilger ist es nur wichtig anzukommen, aber irgendwo spielt die Zeit – zumindest im Hinterkopf doch eine Rolle. Oder bin ich noch nicht lange genug auf dem Pilgerweg?

Vielleicht lege ich sie ja noch ab, diese tägliche Zielsetzung.

Am Abend jedenfalls habe ich es mir vorgenommen beim elsässischen Nationalgericht, dem Sauerkraut nach Hausmacherart.

Choucroute alsacienne

Zubereitung:
Eisbein und Speck in kaltem Wasser mit Pfefferkörnern aufsetzen und auf niedriger Temperatur 75 Minuten kochen. Die Würste dazugeben und weitere 20 Minuten köcheln. Das Schmalz in der Zwischenzeit in einem Topf erhitzen. Die Zwiebeln fein hacken und darin leicht andünsten. Das Sauerkraut, die Lorbeerblätter, die Wacholderbeeren und die Nelken hineingeben. Den Riesling angießen und so viel Wasser hinzufügen, dass das Kraut gerade bedeckt ist. Zugedeckt auf niedriger Temperatur 40 Minuten garen. Das Sauerkraut auf einer großen Platte anrichten. Eisbein und Speck in Stücke schneiden. Die Würste dazu garnieren. Dazu schmecken am besten Salzkartoffeln.

Zutaten für 6 Personen:
1 gepökeltes Eisbein leicht gesalzen,
2 Scheiben durchwachsenen Speck (1 cm dick),
1 TL Pfefferkörner,
2 Servelats,
4 Knackwürste,
1,5 kg frisches Sauerkraut,
3 EL Gänseschmalz,
3 Zwiebeln,
3 Lorbeerblätter,
10 Wacholderbeeren,
3 Nelken,
1 Flasche trockenen Elsässer Riesling

Auf dem Weg zum Pilger

Molsheim – Barr

Allmählich fangen die Füße an zu brennen. Nicht etwa den ganzen Tag – zwischendurch vergisst man's ganz einfach – aber immer am Anfang, also nach jeder kurzen Pause. Heute habe ich jetzt die elsässische Weinstraße erreicht, bin ein Stück auf ihr gelaufen und habe ab Rosheim, diesem wunderschönen Städtchen, einen gut ausgeschilderten Wanderweg nach Boersch entdeckt. Zwei Kilometer mehr, aber dafür dreimal so schön. Und mein gestecktes Ziel habe ich mir zum ersten Mal abgeschminkt. Andlau war anvisiert, in Barr bin ich geblieben. Ich glaube, jetzt werde ich doch zum Pilger.

Sogar Frauen winken mir zu

Barr – Châtenois

Wer die Jakobsmuschel trägt, wird häufig erkannt. Viele Vorübergehende sagen zwar nichts, aber man sieht es häufig an ihren leuchtenden, wissenden Augen. Allerdings gibt es auch andere Erlebnisse. In Andlau winkte mir eine Frau von der anderen Straßenseite aus zu. Normalerweise lasse ich mir ja von anderen Frauen nicht winken, aber ich machte eine Ausnahme und wechselte die Straßenseite. Ich müsse unbedingt mit ihr zu ihrem Mann gehen, er sei auch ein Jakobspilger, bedeutete sie mir.

Schon der Hauseingang war mit einer Jakobsmuschel geziert. Und der Herr des Hauses war begeistert, als mich seine Frau anschleppte. Er zeigte mir seinen globigen Wanderstock und seinen Pilgerhut. Er war zwar noch nicht in „Compostel", wie die Franzosen sagen, hat aber auf einer Tour von St. Puy aus die Pyrenäen bereits überschritten. Im nächsten Jahr Fortsetzung. Seine Augen leuchteten, als er vom „Camino" sprach, für ihn war es mehr als eine Wanderung.

„Ich habe zu mir selbst gefunden“, erzählt er mir bei einem Kaffee. Auch meine Bella wird versorgt, wir müssen uns regelrecht losreißen.

Aber schon wenige Kilometer später in Blienschwiller spricht mich eine Dame an: „Vous êtes un pélerin?“ Ich bestätige und schon erzählt sie mir, dass ihre 24jährige Tochter ebenfalls nach Santiago de Compostela wandern will. Es werden anscheinend immer mehr.

Ein Festmahl am Jakobstag

Châtenois – Beblenheim

Regen, Regen, Regen. Aber das ficht einen Pélerin nicht an. Die Beine gehen immer besser, nur die Pausen dürfen nicht allzu lange sein. Denn danach dauert es immer ein paar Minuten, bis ich wieder so richtig in den Gängen bin.

Schön, dass es in diesem Teil der elsässischen Weinstraße ein paar ausgeschilderte Wingertswege gibt, die es mir erspart haben, ständig an der Autostraße entlang zu marschieren. Im Wingert lässt sich in Ruhe nachdenken. Deshalb habe ich heute über erste Konsequenzen aus meiner Wanderung nachgedacht. Ich werde mich irgendwo bei den Jakobs-Freunden engagieren, bei denen also, die Santiago de Compostela zu Fuß erreicht haben. Sie sollen sich alljährlich am Jakobstag (25. Juli) zu einem Festmahl treffen. Und das werde ich organisieren. Ihre Aufgabe wird es sein, den Jakobsweg in unserer Region besser auszuschildern und ihn bekannter zu machen (und in der Tat: zwischenzeitlich ist bereits einiges passiert. Im Elsass ohne mein Zutun, in der Pfalz mit meiner tatkräftigen Mithilfe).

Im Rebenmeer bei Ribeauville

Trister Regen – prächtiger Wein

Beblenheim – Soultz

Im Regen kommt man eigentlich gut voran. Fast mechanisch trotten mein Hund und ich vor uns hin. Da können die Dörfer in der Weingegend noch so schön sein, im strömenden Regen wirken sie alle etwas trist.

Dafür aber ist der Wein ein umso prächtigerer Begleiter. Natürlich nicht tagsüber, sondern abends nach getaner Arbeit. Mein Jakobsweg führt von der Pfalz – einer der schönsten Weingegenden überhaupt – durch die interessantesten Weinbaugebiete Europas. Ich werde darüber noch viel zu berichten haben und will jetzt mit dem Elsass beginnen.

Hier begegnen wir im Gegensatz zum übrigen Frankreich Weinen, die aufgrund der ehemaligen Zugehörigkeit des Elsass zwischen 1871 und 1918 zum Deutschen Reich eher dem deutschen Weinrecht entsprechen. Im „Rest Frankreichs“ gibt es meist Verschnitte, hier dagegen werden beispielsweise der Riesling (feurig, rassig und von reifer Frucht), der Gewürztraminer (fruchtig, blumig, würzig), der Pinot blanc (frisch und geschmeidig) oder der Pinot gris (kräftig und aromatisch) immer sortenrein ausgebaut. Und da sie in aller Regel „trocken“ sind, passen sie hervorragend zum Essen – und nicht nur zur typischen elsässer Küche.

Wer führt eigentlich das Kommando?

Soultz – Mesevaux

„Hunde sind auch nur Menschen“, soll irgendwann einmal ein kluger Mensch gesagt haben. Jedenfalls habe ich auf meiner Tour immer öfter den Eindruck, als würde ich mich mit meiner Bella von Tag zu Tag besser verstehen. Oder richtiger gesagt: Sie sich mit mir.

Manchmal spüre ich sogar, sie wüsste schon vor mir, was ich will. Hunde scheinen zu fühlen, was Herrchen oder Frauchen bewegt. Jedenfalls ahnte Bella meist schon vor mir, wann ich während eines Picknicks ihrem bettelnden Blick erliegen würde und ihr doch eine Scheibe von der Wurst abschneide. Danach legte sie sich seelenruhig wieder ab, um jedoch spätestens drei Minuten vor meinem endgültigen Aufbruch wieder aufzustehen und unruhig hin und her zu laufen.

Allmählich frage ich mich, wer eigentlich bei uns das Kommando führt. Bin ich aufgebrochen, weil sie aufgestanden ist? Habe ich ihr die Wurst nur gegeben, weil sie mich so treuherzig angeguckt hat? Vielleicht ist das obige Zitat auch umzukehren: „Menschen sind doch auch nur Hunde“.

Bella: Untergebene oder Chefin?

Feldkreuz bei Motzwiller

Respekt vor früheren Pilgern

Mesevaux – Belfort

Mein Respekt vor den Pilgern früherer Jahrhunderte steigt von Tag zu Tag. Was müssen diese Menschen nicht alles durchgemacht haben. Fangen wir einmal mit dem einfachsten an, dem Geld. Die wenigsten von ihnen dürften irgendwelches gehabt haben. Wie simpel ist es doch für uns heutzutage, mit einer Scheckkarte und einer Geheimnummer an jedem Bankautomaten Geld abzuheben und danach damit etwas ess- und trinkbares zu kaufen und die Übernachtung zu bezahlen. Wie mag das bei den früheren Pilgern zugegangen sein? Wenn man alten Überlieferungen folgt, waren sie unterwegs entweder immer wieder darauf angewiesen, etwas hinzu zu verdienen oder sie mussten stehlen wie die Raben. Kein Wunder, dass die Pilger früher nicht gerade den besten Ruf genossen haben. Der katholische Pfarrer meiner Heimatgemeinde, ein aus dem Baskenland stammender Spanier, hat mir erzählt, dass in seiner Jugend Pilger schon von weitem angekündigt wurden und die Bauern als erste Vorsorge sofort ihre Hühner eingesperrt haben.

Ueberall „Tout complet"

Belfort – Rang

Ein Tag mit vielen Hindernissen. Rund um Belfort gibt es einfach keine Quartiere. Irgendein Ärztekongress hat sie alle verschlungen. Ich werde von einem Dorf ins nächste geschickt. „Tout complet" lautet die Antwort. In L'isle-sur-le-Doubs bin ich am Ende meiner Kräfte. Ein Gast in einem Restaurant weiß einen Ausweg: Er fährt mich ein paar Kilometer nach Rang. Einfaches Hotel, einfaches Essen, aber ein Bett.

Am Abend fallen mir wieder die hunderttausende von Pilgern früherer Jahrhunderte ein. Wo mögen die wohl geschlafen haben? In einer Zeit, in der es kaum Herbergen gab. In Ställen, in Heuschobern, im Freien? Jedenfalls bei weitem nicht so komfortabel wie unsereiner im einfachsten Hotel.

Und dann dazu noch so köstlich versorgt. Heute gab's „Huhn mit Comté," jenem landschaftstypischen Käse mit seinem kräftigen Aroma. Hier das Rezept:

Huhn mit Comté

Zubereitung:

Das Huhn in 4 Teile schneiden und im Schmortopf goldbraun anbraten. Nach 10 Minuten das Fett abgießen. Parallel dazu das Comté-Fondue zubereiten: Den Weißwein erhitzen. Wenn er zu kochen anfängt, den gewürfelten Comté, die drei zerdrückten Knoblauchzehen und danach die Kräuter hinzugeben. Bei starker Hitze ständig rühren, bis der Käse völlig geschmolzen ist. Das angebratene Huhn mit dem Comté-Fondue übergießen und weiter köcheln lassen. Nach ca. einer Stunde, wenn das Huhn gar ist, die Kochflüssigkeit in einem Behälter mit engem Hals auffangen und das Huhn warm stellen. Einige Minuten warten, dann einen Esslöffel Comté-Butter, die sich an der Oberfläche der Kochflüssigkeit bildet, entnehmen. Diese mit einem Esslöffel Mehl vermischen und mit dem Rest der Kochflüssigkeit aufgießen. Sahne und Champignons darunterrühren. Mit Salz und Pfeffer nachwürzen. Das Huhn mit dieser Sauce übergießen und servieren.

Zutaten für 4 Personen:

*1 Huhn,
50 g Butter zum anbraten des Huhns,
1 kg Comté, in kleine Würfel geschnitten,
1 l trockener Weißwein,
3 zerdrückte Knoblauchzehen,
1 „kleines Bouquet garni" (Rosmarin, Thymian, Petersilie...),
1 EL Mehl,
1/4 l Sahne,
200 g gekochte Champignons,
Salz, Pfeffer*

Die elektrisierte Bella

Rang – Baume-les-Dames

In der Nacht hat es stark geregnet, beim Start hängt der Himmel voller Wolken. Sieben Kilometer „kämpfe" ich mich entlang der N 83 bis Clerval. Dort erwische ich dann den Einstieg in einen tollen Wanderweg entlang der (dem?) Doubs. Und schon lässt sich die Sonne blicken. Es wird mein bisher schönster Wandertag. Ein zauberhafter Weg, kein Mensch unterwegs.

Kruzifix in Roche-les-Clerval

Bella und ich haben die ganze Landschaft für uns. Zum Baden nutzt sie das Flüsschen gleich zweimal. Beim Laufen höre ich meinen Hund dann plötzlich laut aufheulen. Wie von der Tarantel gestochen jagt sie heulend über eine Wiese. Sie hat an einem stromgeladenen Zaun einmal ausprobieren wollen, für was das gut sein soll. Eine ganze Stunde weicht sie nicht mehr von meiner Seite.

Ausgezeichnetes Mittagessen mitten unter Fernfahrern, die viel Freude an meinem Pilgerhut haben, aber mit der Jakobsmuschel gar nichts anfangen können. Für umgerechnet 10 Euro gibt es vier Gänge: Charcuterie mit Salat, Kalbsgulasch mit Kartoffelbrei, eine excellente Käseauswahl und zwei Eisbällchen mit einer Tarte de Maison. Und das alles in Hyèvre am Ufer des (der?) Doubs.

Das geklaute Handy

Baume-les-Dames – Quingey

Ein total verrückter Tag. Am Vorabend war mir im Restaurant mein Handy während des Essens (kurzer Spaziergang mit Bella) vom Tisch geklaut worden. Keiner war's, keiner hat's gesehen. Da ohne mein Handy noch nicht einmal meine Berichte an die Heimatredaktion gelangen konnten, aber auch sonst viele Unannehmlichkeiten damit verbunden waren (kein Kontakt zur Familie, keine Möglichkeit ein Zimmer vorzubestellen usw.), ließ ich einen Hilferuf los. Ehefrau Helga und Tochter Barbara organisierten sofort alles.

Das gestohlene Handy wurde zunächst stillgelegt (was dazu führte, dass es am nächsten Morgen in der Nähe des Hotels von einem städtischen Arbeiter in einer Grünanlage gefunden wurde) und ein neues beschafft. Kurz danach saßen die beiden im Auto, während ich gegen Besancon tippelte. Am späten Nachmittag hatten wir uns über öffentliche Telefonzellen, eine Schaltstation in der Pfalz und das neue Handy nach größeren Schwierigkeiten zusammengefunden. Dann begann des Dramas zweiter Teil: Entweder es gab kein Zimmer oder kein Hotel. Endlich, nach 24 Kilometern im Auto, wurden wir fündig. So kann man auch vorwärts kommen. Die beiden fuhren wieder nach Hause, ich ging glücklich ins Hotel.

Ein Wein wie gemeiselt

Quingey – Mouchard

Auch das liegt am Jakobsweg: Die königliche Saline in Arc et Senans (Jura), ein Weltkulturerbe der Unesco.

Die zur Salzerzeugung vorgesehene königliche Saline wurde zwischen 1775 und 1779 von Claude-Nicolas Ledoux errichtet, der zu den größten Architekten der Aufklärung gehört. Das visionäre an dieser Fabrik, die großzügig in einem Halbkreis angelegt ist, besteht darin, dass hier nicht nur die Salzsiedereien, die Direktionsgebäude, die Werkstätten und die Stallungen angelegt wurden, sondern die Wohnungen für die Arbeiter dabei errichtet wurden. (Sozialer Wohnungsbau im 18. Jahrhundert). Diese Saline aber besticht nicht nur durch ihre außergewöhnliche Architektur, sie war auch die Grundlage philosophischer Ausführungen von Ledoux zu seinen

Plänen einer idealen Stadt, (die allerdings heute noch gesucht wird).

Am Abend erlebte ich dann eine andere Entdeckung, einen Wein wie gemeiselt. Nirgendwo steht geschrieben, dass Jakobspilger bezüglich Essen und Trinken enthaltsam leben müssen. Deshalb probiere ich alles, was der liebe Gott wachsen lässt. Dieses Mal war es ein 1994er Savagnin aus Arbois.

Sensationell, ein Wein wie ein Sherry. Er passte zu allem, zum Filet, zum Ziegenkäse, zum Brillat-Savarin und zu mir.

Der „Vin jaune“ ist eine besondere Spezialität des Jura. Er muss mindestens sechs Jahre und drei Monate in Eichenfässern lagern, die aber nie ganz gefüllt werden, damit er sein unverkennbares Bukett entwickeln kann. Sein Geschmack jedenfalls erinnerte mich an Walnuss, Haselnuss und alle möglichen Gewürze. Nicht ganz billig, aber vom Feinsten.

Weltkulturerbe: Die Saline in Arc et Senans im Jura

Pilger haben nur manchmal Glück

Mouchard – Dôle

In Frankreich gelten die Jakobspilger etwas. Allein heute wurde ich zweimal zum Kaffeetrinken eingeladen. Hätte ich beim zweiten Mal doch nur angenommen. Ich hätte es mir erspart, nass zu werden wie eine Katze. Zwei Minuten vor dem rettenden Ziel, einem kleinen Restaurant am Ufer des (inzwischen entschieden) Doubs, erreichte mich ein Wolkenbruch. Glück im Unglück: Kaum saß ich tropfnass auf meinem Stuhl, setzte ein Hagel ein, wie ich ihn in meinen 60 Jahren noch nie erlebt habe. Zehn Zentimeter hoch lagen die Körner. Jakobspilger haben in Frankreich eben auch noch Glück.

Am Abend allerdings ließ es mich erneut im Stich. 500 Meter vor dem rettenden Hotel kam Wolkenbruch Nummer zwei. Ich flüchtete unter den Schutz eines ausladenden Tankstellen-Daches. In der Eile allerdings hatte ich übersehen, dass es sich um eine Münz-Tankstelle handelte. Alle zwei Minuten kam ein Kunde gefahren. Der einzige trockene Platz war der zum Tanken. Wohl oder übel musste ich mit Bella jedesmal in den strömenden Regen hinaus. Pilger haben eben doch nicht immer Glück.

Ein Kind der Besatzungszone

Dôle – Chaussin

Ist das nicht schlimm? Da sitzen zwei Franzosen und zwei Deutsche am Nebentisch. Und in welcher Sprache unterhalten sie sich? In Englisch. Nachbarn, die sich nicht verstehen, die sich aber dennoch verständigen wollen.

In einer solchen Situation bin ich dankbar, in der französischen Besatzungszone aufgewachsen zu sein. Es war ein Glücksfall, dass wir in unserer Jugend keine Wahl hatten. Wir mussten ab der Sexta französisch

Beim Château de Clairvans

lernen (Halt, ich bin eben doch ein Fossil. Wer weiß denn heute noch, was Sexta ist? Deshalb zur Aufklärung: Nach vier Klassen Volksschule hieß die erste Klasse Gymnasium Sexta.)

Heute habe ich übrigens Grund, stolz auf mich zu sein. Ich bin 35 wunderbare Kilometer gelaufen. Am Rhein-Rhône-Kanal entlang und an der Loue, einem Nebenflüsschen des Doubs. Und dieses Nebenflüsschen hat mich ganz schön herein gelegt. Und deshalb habe ich eigentlich keinen Grund mehr, besonders stolz auf mich zu sein. Ich bin „rechts-loueisch" gelaufen und hatte übersehen, dass es keine Chance gibt, auf die andere Seite, auf die ich unbedingt musste, überzuwechseln. Nach vier Kilometern wurde mir das klar. Zurück, acht Kilometer Umweg. Beim nächsten Mal wird besser aufgepasst. Das sagt sich so leicht, wenn das Augenlicht allmählich nachlässt und man die kleinen Wanderkarten so schlecht lesen kann.

Idyll mit Kühen, Schwänen und Hund

Chaussin – Pierre-de-Bresse

Ein harter Tag. Schön, weil es zeitweise lange am Fluss entlang ging, anstrengend aber auch, weil es allmählich wärmer wurde und vor allem weil das von mir ausgewählte Quartier in Charette ohne Vorankündigung plötzlich geschlossen war. Ich hatte keine andere Wahl: ich musste sechs Kilometer zurück trotten.

Trotzdem hat dieser Tag viel Freude bereitet. Der Weg führte lange am Doubs entlang mitten zwischen weidenden Rindern hindurch. Vor den friedlich grasenden Kühen hatte meine Bella großen Respekt. Vor den majestätisch ihre Kreise im Wasser ziehenden Schwänen bekam sie ihn ganz schnell. Als gute Schwimmerin – Labradore sind ausgesprochene Wasserhunde und wurden früher sogar zur Otterjagd benutzt – näherte sie sich arglos einem Schwan, der sich plötzlich ganz breit machte und aus seinem langen Hals zischende Laute hervorstieß. Nur Sekunden später saß meine tapfere Bella hinter mir.

Friedliche Schwäne?
Sie können aber auch wehrhaft sein

So wünscht man sich die Polizei

Pierre-de-Bresse – Verdun-sur-le-Doubs

Etwas traurig und ärgerlich saß ich am Ortsausgang von Pierre-de-Bresse. In dem Städtchen war keine Wanderkarte der Region aufzutreiben gewesen. Also studierte ich meine normale Straßenkarte, um festzulegen, wie der heutige Tag verläuft.

Neben mir hält ein Polizeiauto. Ein junger Polizist fragt mich, was ich hier so mache – ich sehe natürlich abenteuerlich aus mit meinem Schlapphut. Ich erkläre ihm, dass ich nach „Compostel" unterwegs bin und ausgerechnet hier keine Wanderkarte bekommen habe. Er bittet mich höflich in sein Polizeiauto – ein Erlebnis, das mir zum ersten Mal widerfährt – und erklärt mir, dass er mich an eine Stelle fahren wird, wo ich eine Wanderkarte bekomme.

Als wir halten bin ich genau wieder an meinem Hotel, in dem ich genächtigt habe. Der Hotelier, der vor dem Haus seinen kleinen Kaffee trinkt, staunt nicht schlecht, als er mich nach einer Stunde in Polizeibegleitung zurückkommen sieht. Aber der junge Polizeibeamte will mit mir gegenüber in das Syndicat d'Initiative. Noch geschlossen.

Wir haben eine halbe Stunde Zeit, er nimmt mich mit aufs Revier. Dort gibt's einen Kaffee mit seinen Kollegen. (Für mich überraschend: Die französische Gendarmerie hat Residenzpflicht. Alle Polizisten – hier sind es sieben – wohnen mit ihren Familien direkt in der Dienststelle, sind also immer einsatzbereit.)

Danach wieder zurück zum Syndicat d'Initiative. Ich bekomme tolle Wanderkarten. Der Polizist ist stolz und fragt mich, wo ich einsteigen will an dem Weg entlang des Doubs. Ich sage: „Am liebsten dort, wo ich gestern abend schon einmal war, in Charette." Und ohne rot zu werden, erklärt er mir, genau dort müsse er jetzt sowieso hinfahren. Danke, St. Jacques, diese sechs Kilometer habe ich gespart.

Es soll ein wunderbarer Tag werden bis nach Verdun-sur-le-Doubs, wo Doubs und Saône zusammenfließen. Am Abend habe ich ein Glas auf den freundlichen Gendarmen getrunken. Sie sind auch in Frankreich ein Freund und Helfer.

Von Disteln und Brennesseln

Verdun-sur-le-Doubs – Châlons-sur-Saône

Mein Stolz auf meine Wanderkarten ist schnell verflogen und weicht einem heiligen Zorn. Ich folge einem Weg entlang der Saône, trällere ein fröhliches Lied und freue mich meines Lebens. Irgendwann hört der Weg auf, es gibt aber niedergetretenes Gras, dem ich optimistisch folge. Ein paar hundert Meter weiter sitzen zwei Angler am Fluss. Und hier endet auch das niedergetretene Gras.

Dafür gesellen sich zu den Gräsern jetzt Disteln, Brennesseln und allerlei anderes Gewächs, dessen Namen mir in diesem Augenblick völlig egal ist. Jedenfalls ist dieses Zeug inzwischen höher als ich. Meinen Hund habe ich schon seit fünf Minuten nicht mehr gesehen. Ich höre ihn nur noch hinter mir herkeuchen. Plötzlich knapp über mir kräftiger Flügelschlag: Ein Schwan. Ich ziehe erschrocken den Kopf ein, schließe aber messerscharf, dass ich in der Nähe des Wassers bin. Bella auch, sie riecht es förmlich, springt hinein, kommt aber wegen des steilen Ufers nicht mehr herauf. Mit Rucksack werfe ich mich auf den Boden, bekomme ihr Halsband zu fassen, ziehe sie heraus und beschimpfe sie noch auf dem Boden liegend.

Das Aufstehen mit 15 Kilogramm auf dem Buckel fällt mir ohnehin schwer genug. Ich stapfe weiter durch das Meter hohe Gestrüpp und kämpfe mich ganz allmählich zu einer Wiese durch. Rechts die Saône, links ein großer Teich mit Seerosen und Enten. Auf der Landzunge dazwischen befinde ich mich.

Mein Pech allerdings, dass dieser Teich mit Wasser aus der Saône gespeist wird, das heißt, die letzten drei Meter müssen wir voll durch's Wasser, um überhaupt auf's feste Land zu kommen. Für Bella kein Problem, sie zeigt es mir dreimal wie es geht. Dafür muss ich ihr anschließend dann mehrere Male beim Über- bzw. Unterqueren von Stacheldrähten helfen.

Es dauert lange, bis wir wieder auf dem rechten Weg sind. Mein Zutrauen in französische Wanderkarten ist gewaltig gesunken.

Am Abend hebt sich die Laune wieder. In Châlons findet ein Musik-Festival statt. Musik auf allen Plätzen der Stadt.

Eine Kulisse für einen Film

Châlons-sur-Saône – Brancion

Musik verbindet. Am Vorabend lernte ich beim Festival einen Holländer kennen, der mit dem Boot da war. Sein Angebot, mich am nächsten Morgen bis Tournus mitzunehmen, konnte ich einfach nicht ausschlagen.

Traumhafte Fahrt, danach hervorragende Beratung beim „i-Punkt" in Tournus. Man rät mir, den „Chemin des Moines" nach Cluny zu wählen, jenen Weg, den die Mönche des einst so mächtigen Klosters Cluny angelegt haben, um nach Châlons bzw. im Notfall auch nach Paris zu gelangen, um dort Einfluss auf die Politik zu nehmen.

Ein wunderschöner, gut ausgeschilderter Wanderweg. Am Ende meiner Tagestour liegt Brancion, ein winziges Dörfchen, das seinen Ursprung bis ins 7. Jahrhundert zurückführt und das jederzeit als Kulisse für einen mittelalterlichen Film dienen könnte. Das besondere an dem Dorf: Es hat ganze sieben Einwohner. Zwei davon sind meine Wirtsleute.

Von hier aus genießt der Pilger einen herrlichen Blick über das Grosne-Tal und die Berge des Charolais, von wo her die gleichnamigen Rinder kommen dürften. Und damit wären wir bei weiterem wichtigen: Das Essen hat hervorragend geschmeckt.

Und zwar ein Côte de Boeuf, ein Kotelett vom Rind.

Côte de Boeuf

Zubereitung:

Es sollte normalerweise etwa 800 g wiegen. Gebraten wird es in Butter-Öl. Zunächst auf jeder Seite eine Minuten scharf anbraten. Danach würzen mit Pfeffer und Salz. Und dann auf jeder Seite sechs Minuten leicht braten lassen. Das Fleisch muss außen heiß, innen höchstens lauwarm (saignant) sein. Ein Gedicht, vor allem zu einem Kartoffelgratin und einem vollen Rotwein.

Das alte Kirchlein in Brancion

Rotwein und Charcuterie

Brancion – Cluny

Ein sowohl vom Wetter als auch von der Landschaft und der Wanderung her wunderschöner Tag. Auf dem Mönchsweg ging's zunächst weiter zum Mont St. Romain. Von seiner Höhe (580 m) aus kann man einen herrlichen Blick über Burgund genießen.

Bei einem halben Roten und einem Teller mit Charcuterie und Fromage bereite ich mich auf Cluny vor, jenes frühere geistige Zentrum der Kirche in Frankreich. Die im Jahr 910 von Wilhelm von Aquitanien gegründete Klosterabtei war Ausgangs- und Mittelpunkt einer umfassenden Erneuerung des Mönchtums. Ohne Cluny wäre die Geschichte des Abendlandes wahrscheinlich anders geschrieben worden, denn ohne Cluny wären beispielsweise die Kreuzzüge nicht denkbar. Hier fand die mittelalterliche Frömmigkeit neue Formen. Aber leider ist von der Macht und dem einstigen Ruhm des Klosters nicht mehr viel zu sehen. Es wurde bis auf einen Querhausarm in der französischen Revolution zerstört. Und was an Kunst vorhanden war, befindet sich heute in der ehemaligen Residenz der Äbte von Cluny in Paris.

Das Straßenroulette um den Wein

Cluny – Tramayes

Das Gelände wird allmählich immer bergiger. Und auch die Höhenunterschiede gehen ganz langsam in die Knochen. Heute waren es mindestens 800 Meter. Dafür wandert es sich umso schöner, denn der GR 76 (Grand Randonnier = Großer Wanderweg) ist hervorragend ausgeschildert: Gelb-weiß und mit einer schon von weitem erkennbaren Jakobsmuschel.

Aber am Abend schmeckt der Wein umso besser. Ich sehe zwar unterwegs nur vereinzelte Weinberge, aber ich bin im „Mâconnais“, jenem burgundischen Weißweingebiet ganz in der Nähe vom Beaujolais. Als bester Botschafter von Burgund gilt nach wie vor sein Wein. Im Mâconnais gedeihen in erster Linie der Chardonnay (eine Mutation vom Weißen Burgunder), der so herrlich zu Schalentieren, Fischgerichten oder Ziegenkäse passt, und Gamay Noir, jener würzige Rotwein, der zu den populärsten in Frankreich gehört. Vor allem jung getrunken ist er einfach ein Genuss.

Können Sie sich vorstellen, dass Pilger am Abend deshalb in Entscheidungsnot geraten können? Ich habe mir zu helfen gewusst. Lag mein Hotel auf der rechten Straßenseite habe ich Roten getrunken, auf der linken ließ ich mir Weißen servieren.

Ein müde lächelnder Alpinist

Tramayes – Echarmeaux

Die Berge werden allmählich giftig. Nicht sehr hoch, aber zermürbend. Immer wieder muss ich an die Tour de France denken. Kaum hat man einen Gipfel erklommen, geht's kurz bergab und dann gleich wieder hoch.

Mehr als 1.000 m Höhenunterschied – natürlich nötigt das einem Alpinisten nur ein müdes Lächeln ab – sind durchaus eine Leistung, auf die ich mit meinen über 60 stolz bin. Allerdings meine Bella würde täglich locker das dreifache laufen.

Bei St. Mamert

Ein Schlaraffenland für Gourmets

Col des Echarmeaux – Briennon

Ein verdammt harter Tag. Ich hätte zwar schon früher Quartier bekommen, aber man muss schließlich ein paar Tage voraus denken. In dieser Gegend gibt es nicht gerade in jedem Dorf eine Übernachtungsmöglichkeit. Und wer einmal zu kurz springt ohne an den nächsten Tag zu denken, der muss es büßen.

Trotzdem: eine wunderschöne Wanderung mit vielen bleibenden Eindrücken vom Regen und vom Nebel am Morgen bis zum strahlenden Sonnenschein am Nachmittag.

Coq au vin

Burgund ist für jeden Gourmet ein wahres Schlaraffenland. Und wer wie ich ein Liebhaber eines schönen Stückchens Fleisch ist, für den ist das Land der Charolais-Rinder genau die richtige Pilgerstrecke.

Trotzdem am Abend habe ich einen Coq au vin auf Burgunder Art genossen:

Zutaten für 8 Personen:
1 Huhn, 500 g Möhren,
5 Zwiebeln,
8 Knoblauchzehen,
Lorbeer, Nelken, Thymian,
0,1 l Marc de Bourgogne,
2 l Rotwein,
Salz und Pfeffer,
Olivenöl, 100 g Mehl,
300 g Makkaroni.

Zubereitung:
Das Huhn zerteilen. Die Möhren putzen und in Stücke schneiden, Zwiebeln und Knoblauch schälen und halbieren und mit den Hühnerteilen in eine große Schüssel geben. Die Kräuter zufügen. Marc und Wein angießen, schwach salzen und pfeffern und mindestens 48 Stunden marinieren. Die Hühnerteile aus der Marinade nehmen und abtropfen lassen. Jedes Stück in Mehl wälzen und in einem feuerfesten Topf in heißem Olivenöl anbräunen. Das Fleisch herausnehmen und abtropfen lassen. Das Gemüse aus der Marinade schöpfen und ebenfalls abtropfen lassen. Die Marinade zum Kochen bringen und durch ein feines Sieb passieren. Das Gemüse in den Brattopf geben und im verbliebenen Fett anbräunen. Die Fleischstücke darauf legen, mit der Marinade aufgießen. Zum Kochen bringen und im vorgeheizten Backofen bei 160 ° C zwei bis drei Stunden garen. Danach die Stücke herausnehmen und warm halten. Die Sauce durch ein feines Sieb gießen und abschmecken. Die Makkaroni in Salzwasser al dente kochen und mit den Hühnerteilen anrichten.

Kirche und Kreuz in Briennon

Wildschweine und Brombeeren

Briennon – Renaison

Ein erlebnisreicher Tag mit überraschenden Erkenntnissen. Zunächst stelle ich nach wenigen Kilometern in La Bénisson-Dieu bei der Besichtigung einer Abteikirche, die Ende des 12. Jahrhunderts von Zisterziensern erbaut wurde, fest, dass ich meinen Hotelschlüssel aus Briennon noch bei mir trage. Eine freundliche ältere Dame, die den Kirchendienst versieht, erbietet sich sofort, den Schlüssel zu überbringen.

Danach geht's weiter über einen taufrischen Grasweg in Richtung Noailly. Links Wald, rechts Weide. Plötzlich beobachte ich zwischen etwa 20 friedlich weidenden Charolais-Rindern zwei ausgewachsene Wildschweine, die sich auch durch die nahende Bella nicht stören lassen. Sicherheitshalber nehme ich meine Hündin (nicht weil sie den Wildschweinen etwas anhaben würde, sondern allenfalls befürchte ich das Gegenteil) an die Leine. Das wiederum gibt den Wildschweinen Sicherheit: Sie verschwinden kurz im Wald, um uns anschließend im Abstand von etwa 10 m nahezu einen Kilometer weit zu begleiten. Beide sind im Bild festgehalten, sonst würde mir das niemand glauben.

Etwas später: Meine Bella frisst Brombeeren. Das wäre eigentlich nichts besonderes, weil sie im Grunde genommen alles frisst, vor allem das, was süß ist. Aber was mich doch verwundert hat: Mit geschürzten Lippen holt sie sich unten alle schwarzen Beeren, während ich mich an den oberen labe.

Unsere Begleiter

Der doppelte Hochzeitstanz

Renaison – St. Jean-St. Maurice

Respekt vor den französischen „Jakobinern". Ab Cluny ist der Weg nach Santiago de Compostela mustergültig mit einer gelben Muschel auf blauem Grund gekennzeichnet. Man findet die Strecke sogar im Schlaf.

Und das war heute notwenig. Mit dem Hotel in Renaison hatte ich nämlich etwas Pech gehabt. Nicht nur, dass es drei Kilometer außerhalb lag – und das auch noch in der falschen Richtung -, sondern auch mit zwei Hochzeiten, die dort gefeiert wurden. Franzosen scheinen ausdauernde Tänzer zu sein. Bis kurz vor 5 Uhr am Morgen wurde zum fröhlichen Ringelreihen aufgespielt. Mit jedem Erwachen schickte ich ein neues Stoßgebet für das Glück der beiden jungen Paare gen Himmel.

Schinderei mit tollem Abschluss

St. Jean-St. Maurice – Montverdun

Eine tolle Stimmung liegt über den Gorges de la Loire beim Blick hinunter in die tiefe Schlucht mit ihren bizarren Felsen. Interessant auch das aus dem 11. Jahrhundert stammende Benediktiner-Kloster. In der Kirche von St. Maurice kann man eine Wandmalerei aus dem 13. Jahrhundert entdecken, die den Hl. Jakob als Pilger zeigt und die sich niemand auf dem Weg nach Compostela entgehen lassen sollte.

Ansonsten heute nichts als Schinderei. Keine Chance etwas vernünftiges unterwegs zum Essen zu kaufen. Dafür habe ich mir am Abend die Hechtklößchen in Sauerampfersauce besonders gut munden lassen.

Hier das Rezept für 6 – 8 Personen:

Hechtklößchen in Sauerampfersauce

Zutaten:
Panade:
150 ml Milch,
40 g Butter, Salz,
weißer Pfeffer aus der Mühle,
geriebene Muskatnuss,
80 g Mehl,
100 g Butter,
20 g Dijon-Senf,
60 g gehackte Schalotten,
gehackte Petersilie,
Salz, Pfeffer, 4 Eier.
Sauce:
20 g Butter,
50 g gehackte Schalotten,
200 g Sauerampfer,
300 ml Weißwein,
400 ml Sahne,
Salz und weißer Pfeffer,
100 g geriebener Comté.

Zubereitung:
Für die Panade Milch mit Butter, Salz, Pfeffer und Muskat aufkochen, das Mehl einstreuen und bei schwacher Hitze mit dem Holzlöffel 2 – 3 Minuten rühren, bis der Teig sich vom Topf löst. Kalt stellen. Für die Farce den Hecht filetieren, entgräten und enthäuten, dann hacken und pürieren. Die Panade aus dem Kühlschrank nehmen und mit dem Fischfleisch zu einer glatten Masse verarbeiten. Dann mit Crème fraîche, weicher Butter, Senf, den Schalotten und der Petersilie vermengen. Mit Salz und Pfeffer würzen. Nun die Eier einzeln untermischen. Beiseite stellen.
Für die Sauce erst Schalotten, dann feingeschnittenen Sauerampfer in Butter dünsten. Mit Wein ablöschen und einkochen. Die Sahne zugeben und die Sauce im Mixer aufschlagen. Abschmecken. Mit einem Esslöffel die Hechtfarce zu Klößchen formen, in siedendem Wasser 10 Minuten pochieren, abgießen und abtropfen. Hechtklößchen in eine feuerfeste Schüssel legen, mit Sauce begießen, mit Käse bestreuen und überbacken.

Die schreckliche Nachricht

Montverdun – Marols

Der Tag, an dem Amerika und die Welt erschüttert wurden. Ich marschierte zunächst in einen kühlen, aber wunderschönen 11. September. Beeindruckend die Kirche in Moingt mit ihrem romanischen Glockenturm und den hauchdünn geschliffenen Steinen als Fenster. Wenige Kilometer weiter traf ich auf eine Römerstraße, die so schmal war, dass sich die Kohorten hier wahrscheinlich im Gänsemarsch hatten vorwärts bewegen müssen. Schließlich erreichte ich den Pic de Mont Supt, einen herrlichen Platz neben einer kleinen Kapelle mit einem wunderbaren Ausblick in's Forez-Gebiet. Hier nahm ich gemütlich mein Vesper zu mir und dachte noch an nichts böses. Aber kurz danach erreichte mich per Handy die schreckliche Nachricht aus den USA. Was mag in solchen Attentätern bloß vorgegangen sein?, ist der erste Gedanke. Hier wandert man durch eine friedliche Welt, während andernorts tausende unschuldiger Menschen ihr Leben verlieren. Verrückte, verfluchte Welt. Und das alles angeblich im Namen eines Gottes oder seines Propheten.

Feldkreuz bei Bully

Die offene und die geschlossene Muschel

Marols – Apinac

Gleich nach dem Start im mittelalterlich-malerischen Marols wartet eine „Rampe“ auf mich. Montarcher, das nächste Dorf, ist mit 55 Einwohnern zwar die kleinste Gemeinde des Departements Haut-Loire, aber gleichzeitig mit 1162 m die höchste.

Da kommt man ganz schön in's Schwitzen, darf dafür aber von oben einen einmaligen Blick über das Forez genießen. Liebliche Täler, saftige Weiden, verstreute Weinberge, pittoreske Dörfer mit ihren für die Region typischen rechteckig-klotzigen Kirchtürmen, muntere Bächlein und ausgedehnte Wälder.

Ob die beiden deutschen „Pilger", die mir stolz mit einer Jakobsmuschel um den Hals begegnet sind und die ich kurz danach in einem Auto habe verschwinden sehen, das auch so genossen haben? Ich wage es zu bezweifeln, weil man mit dem Auto eben doch nicht überall hinkommt. Es war übrigens schon das zweite „Pilger"-Paar, das ich mit dem Auto getroffen habe.

Apropos Jakobsmuschel: Ein älterer Mann in einer Kirche hat mich belehrt, dass wer nach Santiago geht, die Muschel geschlossen tragen muss, wer von dort kommt, sie offen tragen darf. Seither achte ich streng darauf.

Montarcher, das höchste Dorf

Ein Stück vom Glück?

Apinac – Retournac

Von einem äußerst freundlichen Hotelbesitzer mit einem Geländewagen auf den Jakobsweg zurück gebracht – ich hatte ihn am Vortag aus Quartiergründen verlassen müssen – sollte dies der bisher härteste Tag der Tour werden. Aber allmählich hatten sich die Knochen, die Gelenke und die Muskeln an das ewige Auf und Ab gewöhnt. Die Anstiege (mehr als 1000 m Höhenunterschied) waren bereits Gewohnheit. Und die jeweilige Freude, oben angekommen zu sein, war groß. Auch wenn sich die Abstiege – wie heute nach Retournac – wegen der unzähligen Steine manchmal als brutal erwiesen. Jedenfalls entpuppte sich jede Teilstrecke nach ihrer Bewältigung als kleines Erfolgserlebnis. Ob das den Jakobsweg so sympathisch macht? Ob das ein Stück vom Glück ist, dass man immer wieder ein wenig stolz auf sich selbst sein darf?

Mit dem Zug zu den Linsen

Retournac – Le Puy

Man kann aber auch gewaltige Misserfolge einfahren. Heute war so ein Tag. Wanderkarte und Wegmarkierungen wollten partout nicht übereinstimmen. Ergebnis: Nach 15 km bergauf und bergab war Le Puy gerade 3 km näher gekommen. Nach kurzer Überlegung blieb nur eins – schließlich war das Quartier gebucht: Am nächst erreichbaren Bahnhof in den Zug. Dafür reichte es dann am Nachmittag zu einem ausgedehnten Stadtbummel durch dieses Le Puy mit seiner eindrucksvollen Kathedrale und seiner Michaelskapelle auf der steilen Felsennadel.

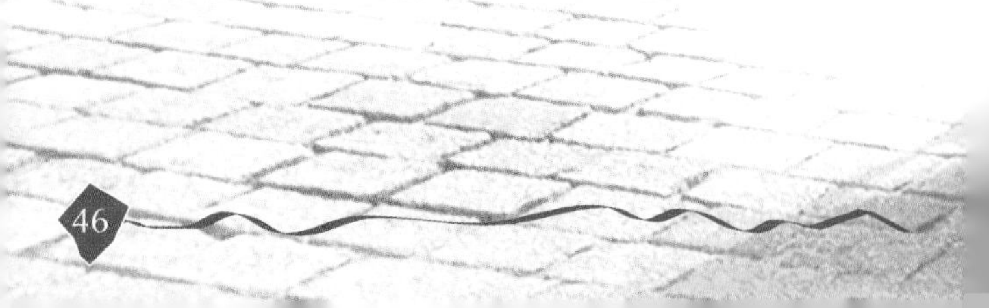

Mont St. Michel in Le Puy

Übrigens: Le Puy ist das Zentrum des französischen Linsenanbaus und jeder Besucher sollte sich daran laben. Zum Beispiel bei einem Lachstatar mit grünen Linsen:

Lachstatar mit grünen Linsen

Zutaten:
2 Zwiebeln,
150 g Linsen,
Suppengrün,
2 TL Gemüsebrühe,
3 EL Olivenöl,
2 EL Weinessig,
1 EL Senf,
Salz und Pfeffer,
300 g Lachs,
3 Schalotten,
3 kleine Gewürzgurken,
1 hartgekochtes Ei,
1 EL feingehackte Petersilie,
1 EL feingehackter Estragon, Zitronensaft,
1/2 unbehandelte Orange,
2 EL Orangensaft.

Zubereitung:
Die Zwiebeln hacken, die Linsen abbrausen. Beides in einen Topf geben, die dreifache Menge Wasser, die Gemüsebrühe und das Suppengrün hinzufügen. 20 Minuten garen, dann die Linsen abtropfen lassen. Aus 2 EL Öl, Essig, Senf, Salz und Pfeffer eine Vinaigrette zubereiten und ein Drittel der Sauce zu den noch warmen Linsen geben. Den Lachs in kleine Stücke schneiden. Schalotten, Gurken und Ei fein hacken; mit Petersilie, Estragon und der restlichen Vinaigrette zu dem Lachs geben, alles gut mischen und mit dem Zitronensaft und Salz abschmecken. Kalt stellen und 30 Minuten ziehen lassen.
Eine kleine Form von etwa 10 cm Durchmesser pro Portion zu zwei Dritteln mit dem Lachstatar füllen und gut zusammendrücken. Darauf eine Schicht Linsen geben und diese gut andrücken, damit das Törtchen zusammenhält.
Die Orange so fein schälen, dass keine weiße Haut an der Schale haftet, dann die Schale in sehr dünne Streifen schneiden. Aus dem restlichen Öl, Orangensaft, Salz und Pfeffer eine Sauce rühren und die Schalen hinzufügen. Die Lachstörtchen auf Tellern anrichten und jeweils mit etwas Orangensauce umgießen.

Santiago, wir nähern uns!

Le Puy – St. Privat-d'Allier

Abschied von einer großartigen Stadt, in der gerade ein mittelalterliches Fest gefeiert wurde. Menschen in den Trachten des 16. und 17. Jahrhunderts passten sich dem Stadtbild an, entsprechende Tavernen boten in den alten Gassen neben den berühmten Linsen von Le Puy auch allerhand Getränke und Suppen jener Zeit an. Überwältigend der Blick von der Kathedrale: 132 Steinstufen führen vom Berg hinunter. Eine Via Triumphalis in Richtung Santiago de Compostela. Millionen von Pilgern sind diesen Weg schon gegangen, wahrscheinlich alle so mitgerissen wie ich auch. Von hier gibt es eigentlich keinen Blick zurück, es gibt nur einen nach vorn. Und irgendwo in der Weite des Horizonts muss das Grab des Hl. Jakobus liegen. Eine Stunde später weiß ich es genau: In einem Vorgarten steht ein Schild mit der Aufschrift: „Compostela 1.365 km". Santiago wir nähern uns! Es ist ja nicht mehr weit.

Blick von der Kathedrale in Le Puy

Die futterneidische Bella

St. Privat-d'Allier – Saugues

Die Jakobskapelle von Rochegude

So anstrengend der steinig-steile Abstieg ins Tal des Allier war, so schweißtreibend war aber auch der Aufstieg bis Montaure mit über 400 m Höhenunterschied. Zuvor aber faszinierte die auf einem Felsvorsprung prangende Jakobskapelle von Rochegude, die bis ins Jahr 1328 zurückdatiert wird und von der ein eigenartiger Reiz ausgeht. Direkt neben der Eingangstür übrigens eine vielleicht 60 m abstürzende Felswand – ungesichert. Ein Alptraum für deutsche Bauämter. Jakobus der Ältere aber scheint bisher schlimmeres verhütet zu haben.

Heute musste ich übrigens bei meiner sonst so friedfertigen Bella, die um jedes Huhn einen großen Bogen macht und jede Hauskatze respektvoll aus der Ferne betrachtet, einen neuen Wesenszug erkennen. In ihrer Gefräßigkeit schreckt sie vor nichts zurück. Einer etwas abgemagerten Hündin, die uns bei der Mittagsrast auf einer Wiese bei Montaure einen Besuch abstattete und die erkennbar mehrere Junge zu säugen hatte, warf ich ein größeres Stück Wurst zu. Die nur scheinbar vor sich hindösende Bella fuhr wie von der Tarantel gestochen hoch, stürzte sich mit fletschenden Zähnen auf unseren Gast und gab nicht eher Ruhe, bis sie selbst im Besitz

Kreuz bei Ramouruscle aus dem Jahr 1621

der Wurst war und die Konkurrentin sich zurückgezogen hatte. Meinen strengen Verweis und meine Bemerkung, dass sich Pilger besonders liebenswürdig und im wahrsten Sinne des Wortes „opferbereit“ zu verhalten hätten, nahm sie äußerst gelassen und sich mehrere Male mit der Zunge über's Maul fahrend entgegen. Die säugende Hündin allerdings wurde anschließend von mir entschädigt, als die angebundene Bella es nicht sehen konnte.

« Du musst besser aufpassen »

Saugues – St. Alban-sur-Limagnole

Ursprünglich war diese Etappe zwar nur mit 29 km angegeben, aber ich habe heute wieder einmal eine Lektion erhalten. „Du musst besser aufpassen“, könnte sie lauten. Denn ein Moment der Unachtsamkeit hat mir eine „Ehrenrunde“ von 8 km eingebrockt.

Dass es trotzdem eine der schönsten Wanderungen der bisherigen Tour wurde hängt mit der grandiosen Landschaft der Margeride zusammen. Heute beispielsweise war der über 1300 m hohe Passe von Saint-Roche zu überwinden mit einem fantastischen Blick ins Land. Aber in einen kurzen Regenschauer mischten sich schon ein paar Schneeflocken. Der Herbst lässt grüßen.

Die Kuh, das Kalb und der Hund

St. Alban-sur-Limagnole – Ferme des Gentianes

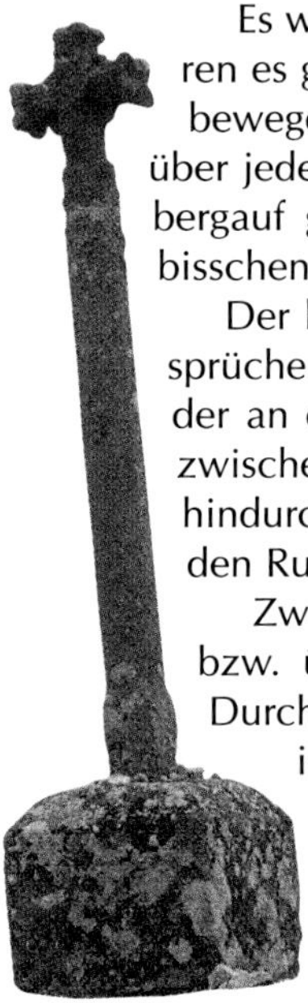

Es wird immer kälter. In 1200 m Höhe waren es gerade noch 4 °C. Und in dieser Höhe bewege ich mich meistens. Da freut man sich über jeden Abstieg, weil's anschließend wieder bergauf geht. Und das wärmt wenigstens ein bisschen.

Der heutige Tag stellte auch sportliche Ansprüche. Zumindest erinnerte er hin und wieder an einen Mehrkampf. Etliche Male ging's zwischen ganz eng gestecktem Stacheldraht hindurch (ein „Siebener" im Regenschutz für den Rucksack bleibt als Andenken zurück).

Zweimal mussten Wasserläufe durchquert bzw. überquert werden. Und einmal beim Durchqueren eines Wassers (der GR 65, den ich schon seit Tagen verfolge, kann darauf keine Rücksicht nehmen) wurde eine der wunderschönen rot-braunen Aubrac-Kühe mit ihren langen, ausladenden Hörnern sichtbar böse, weil sie wohl annahm, wir – also Bella und ich – kämen ihrem Kalb zu nahe. Unwillig schnaubend ging sie zwei Schritte zurück. Bella ahnte, was kommen würde und brachte sich 50 m weiter in Sicherheit. Dieses Vieh war ihr denn doch zu groß. Ich aber hob – fast wie ein Fachmann – drohend meinen Wanderstock in die Höhe. Die Kuh hatte verstanden. Sie drehte ab.

Seit heute sind wir übrigens im Bergland des Aubrac, dem am dünnsten besiedelten Landstrich Frankreichs. Hier kommen gerade einmal neun Einwohner auf einen Quadratkilometer. Und das bekomme auch ich zu spüren, denn die Herbergen sind hier dünner gesät als in anderen Regionen und die Wege werden dadurch länger.

Schöne Landschaft ohne Sicht

Ferme des Gentianes – St. Chély-d'Aubrac

Heute gings weiter durch das Bergland des Aubrac, eine der schönsten Landschaften Frankreichs. Ich aber habe fast nichts von ihr gesehen. Dicker Nebel mit Sichtweiten bis zu 50 m und vom Wind gepeitschter Regen, der die Brillengläser fast undurchsichtig werden ließ, verhinderten den Blick auf diese faszinierende Landschaft, die immerhin in eine Höhe von 1380 m – die höchste Stelle bis zu den Pyrenäen – führte. Und dann gings rund 1000 m bergab in das Tal des Lot bei St. Côme-d'Olt. Vor allem die Knie wussten noch am nächsten Tag, was sie geleistet hatten.

Dafür genoss ich am Abend eine besondere Spezialität der Region, die Truffade, einen Brei aus Käse und Kartoffeln, der inzwischen bei uns zu Hause nicht mehr vom Küchenzettel verschwindet.

La Truffade

Zubereitung:
Die Kartoffeln schälen und in dünne Scheiben schneiden. Den Speck in Streifen schneiden. Das Öl in einer Pfanne erhitzen, den Speck darin auslassen und die ungeschälten Knoblauchzehen anrösten. Grieben und Knoblauch aus der Pfanne nehmen, die Kartoffelscheiben hineingeben und salzen. Auf niedriger Temperatur 20 – 30 Minuten braten, ohne dass die Kartoffeln dabei Farbe annehmen, daher ständig wenden. In der Zwischenzeit den jungen Cantal in schmale Stücke schneiden. Sind die Kartoffeln gar, verteilt man den Käse darüber und wendet Kartoffeln und Käse fortwährend, bis er geschmolzen ist. Dann zerdrückt man die Kartoffeln und verrührt die Masse aufs neue, bis sie gleichmäßig und fadenziehend ist. Fertig ist die Truffade.

Zutaten für 6 Personen
1,2 kg Kartoffeln,
100 g Speck,
1 EL Olivenöl,
5 Knoblauchzehen,
etwas Salz,
400 g junger Cantal.
Der Cantal gilt übrigens als einer der ältesten Käse Frankreichs und ist schon nach 30 Tagen als junger Käse besonders aromatisch.

Die Sarazenen und ein Staatspräsident

St. Chély-d'Aubrac – Estaing

Und dann gaukeln einem die verschiedensten Wanderführer vor, nun könne man im lieblichen Tal des Lot fröhlich und unbeschwert fürbass wandeln. Im Gegenteil. Schon nach wenigen Metern baut sich eine Rampe auf, die es in sich hat. Rund 200 steile Höhenmeter hinauf und drüben wieder hinunter. Der glitschige Abstieg aber hat sich gelohnt. Vor mir liegt nicht nur das mittelalterliche Städtchen Espalion sondern auch die Kirche von St. Hilarian-de-Perse, das bekannteste romanische Bauwerk der Region, das an der Stelle errichtet wurde, wo der Hl. Hilarianus zur Zeit Karls des Großen von den Sarazenen enthauptet wurde.

Der Ortsname Estaing – das heutige Ziel – dürfte auch in Deutschland nicht ganz unbekannt sein. Ein gleichnamiger Valerie Giscard d' war schließlich einmal französischer Staatspräsident. Sein Vater hatte den Namen des aussterbenden Geschlechts derer von Estaing gekauft. Valerie selbst ist bekanntlich in Koblenz geboren, soll aber schon öfter in Estaing gewesen sein, einem schmucken Städtchen mit mittelalterlichem Flair.

Zitronensorbet zu Orgelklängen

Estaing – Conques

Je mehr man sich Conques, Cahors oder gar den Pyrenäen nähert, umso mehr Wanderer sind unterwegs. Allein heute habe ich acht von ihnen überholt, zwei sind stolz an mir vorbei gezogen. Die meisten hatten Conques als Ziel, ein wunderbares kleines Städtchen, in dem die Zeit still zu stehen geblieben scheint.

Ein mittelalterlicher Marktflecken, der seine Berühmtheit vor allem dem Tympanon seiner Abtei-Kirche verdankt. Ich habe es als einen besonderen Vorzug genossen, nach einer anstrengenden Wanderung frisch geduscht in den wärmenden Sonnenstrahlen eines Septemberabends im Angesicht dieses Tympanons sitzen zu dürfen, während aus der Kirche Orgelklänge zu mir drangen und ein ganz profanes Zitronensorbet zu genießen.

Das Tympanon in Conques

Das Ende des „malerischen“

Conques – Decazeville

Was waren das noch für gemütliche Zeiten, als es am Rhein entlang ging, als ich gemächlich durchs Elsass streifte, als der Doubs und die Saône mein ständiger Begleiter waren. Ein Zuckerschlecken wars im Vergleich zu den jetzigen Etappen.

Kaum lag Conques mit seinem steilen Abstieg hinunter in das Tal des Dourdou hinter mir und kaum hatte ich eine malerische Brücke aus dem Jahr 1410 überquert, da passierte es: Es war aus mit dem „malerischen“. Vor mir baute sich eine gnadenlose Wand auf. 400 m Höhenunterschied ging es hinauf über glitschige Steine (in der Nacht hatte es kräftig geregnet), nasse Wurzeln und loses Geröll. Völlig außer Puste landete ich bei der Kapelle der Hl. Fides, wo eine Quelle entspringt, deren Wasser Augenleiden heilen soll. Mir half es auch zu einem besseren Durchblick, denn ich konnte meine wegen des Schwitzens stark beschlagenen Brillengläser damit reinigen, ehe es dann auf einem etwas gemütlicheren Weg nach Decazeville ging. Einer Stadt, die nach Napoleons Industrieminister Decaze benannt ist und in der früher Kohle im Tagebau gefördert wurde.

Drei x trocken – drei x nass

Decazeville – Figeac

Drei mal nass und drei mal wieder trocken zu werden, das ist mir heute gelungen. Schon beim Abmarsch in Decazeville wollte Bella das Haus eigentlich nicht verlassen. Nur viele gute Worte konnten sie schließlich überzeugen. Dafür kehrte sie umso lieber in unser trockenes Hotel ein, das wir in Figeac direkt nach einem ergiebigen Wolkenbruch erreichten. Hatte uns die Wirtin bei der Ankunft noch freundlich-mitleidig betrachtet, so wandelte sich dieser Gesichtsausdruck urplötzlich in ärgerlich-erschrocken, als sich Bella einmal kräftig geschüttelt hatte und der gesamte Vorraum pitschnass war.

Eintopf mit Hähnchen

Umso besser schmeckte am Abend der Eintopf mit Hähnchen, Backpflaumen, Honig und Mandeln.

Zubereitung:

Das Hähnchen in mehrere Teile zerlegen, in einem Topf in Öl rundum anbraten. Tomaten vierteln, entkernen und fein würfeln, mit den gehackten Zwiebeln, Zucker, Zimt, Safranfäden, Salz und Pfeffer zu dem Fleisch geben. Die Zitronen auspressen, den Saft über die Hähnchenteile gießen. Zitronenschale und Honig hinzufügen. Zugedeckt etwa 1 Stunde schwach köcheln lassen, den Koriander untermischen, abschmecken und weitere 10 Minuten schmoren. Pflaumen und Zucker in einem Topf mit kaltem Wasser aufsetzen und kochen, bis der Zucker fast karamellisiert ist. Die Mandeln mit kochendem Wasser überbrühen, eiskalt abschrecken, häuten und die Mandeln in Öl in einer Pfanne unter ständigem Rühren hellbraun rösten. Die Hähnchenteile auf einer vorgeheizten Platte anrichten, rundum die Pflaumen verteilen, mit Mandeln und Sesamsamen bestreuen. Sofort servieren. Dazu gibt´s Hirse oder Polenta.

Zutaten für 4 Personen:

1 Hähnchen, 2 EL Öl,
500 g Tomaten,
2 Zwiebeln,
1 TL Zucker,
1 TL Zimt,
1 Messerspitze Safranfäden, Salz und Pfeffer,
2 unbehandelte Zitronen, 100 g Honig,
2 EL feingehackter Koriander,
200 g Backpflaumen, entsteint,
100 g Zucker,
50 g Mandeln,
1 EL Erdnussöl,
2 EL Sesamsamen.

Reiche Wacholderernte

Figeac – Cajarc

Die Strecke zwischen Figeac und Cajarc besitzt einen eigenartigen Charakter: Die „Causses", wie dieser Landstrich genannt wird, hat so karge Böden, dass der Mensch kaum versucht, hier etwas anzupflanzen. Die Vegetation entwickelt sich also spontan, nimmt teilweise bereits südländische Züge an. Besonders beeindruckend ein Gang durch einen schier nicht endenden Wacholder-Hain, in dem ich die Wacholderbeeren für die nächsten zwei Jahre geerntet habe.

Zwei weitere Höhepunkte bleiben in Erinnerung: Das Dörfchen Faycelles mit seinen malerischen Gassen und Winkeln, das zum Wiederkommen animiert, und die später wiederholt in der Landschaft auftauchenden Dolmen (Megalithgräber), die etwas von einer langen vorchristlichen Besiedlung erahnen lassen.

Der Wasserhund und die Wurst

Cajarc – Varaire

Es gibt ja die unterschiedlichsten Beweggründe für einen Marsch nach Santiago de Compostela. Aber so verschieden diese Motive auch sind, so unterschiedlich sind auch die Menschen, die sich auf diesem Weg begegnen. Sie kommen aus aller Welt, sprechen mannigfache Sprachen und verstehen sich trotzdem. Und sei es manchmal nur durch Blicke.

So habe ich heute eine vielleicht 16jährige Italienerin getroffen, die mit ihrem Vater unterwegs war und die beim über- bzw. durchqueren eines größeren Baches ausgerutscht war und triefend nass am Rand stand, als ich des Weges kam. Mit einem Fingerzeig bedeutete sie mir, dass ihr ein kleiner Beutel davongeschwommen sei (später stellte sich heraus, dass sich ein Portemonnaie und ein Necessaire darin befanden). Ich verstand ohne ein Wort italienisch zu sprechen sofort. Bella, die wie jeder Labrador leidenschaftlich gerne ins Wasser geht, sprang nach meinem Fingerzeig und dem Kommando „Such – Verloren“ sofort in das Flüsschen und brachte den Beutel zurück. Wortlos ging das Mädchen zum Rucksack seines Vaters und zauberte dort eine Wurst hervor, die von Bella in rasender Geschwindigkeit als die ihre erkannt wurde. Sie nahm sie ebenfalls wortlos entgegen, blickte das Mädchen aber dankbar an. Pilger verstehen sich eben auch mit Blicken.

Der unfriedliche Cäsar

Varaire – Cahors

Nachdem sich schon Cäsar vor rund 2000 Jahren hier getummelt hat, habe auch ich es nach harter Anstrengung geschafft. Ich allerdings kam friedlich nach Cahors, Cäsar zu einer Strafexpedition. Zwei Feldherren von Vercingetorix bäumten sich vergebens auf, und wurden „ausgetrocknet“, weil Cäsar sie so lange einkesselte, bis ihnen das Wasser ausging. Die Niederlage schließlich wurde zum Segen für Cahors: Die Stadt blühte dank Handel und Wandel regelrecht auf und konnte es sich damals sogar leisten, das Wasser, das ihren Soldaten gefehlt hatte, über ein 22 Kilometer langes Aquädukt herbeischaffen zu lassen, von dem heute noch Reste vorhanden sind. Viel wichtiger aber als Wasser ist heute in Cahors der Wein.

Vor 300 Jahren genoss der „Schwarze Wein von Cahors“ einen Ruf wie Donnerhall. Die tiefdunklen Rotweine wurden sogar häufig denen aus dem Bordeaux vorgezogen. Um 1720 erreichte die Anbaufläche des Cahors rund 40.000 ha (etwa die Hälfte der heutigen deutschen Anbaufläche). Peter der Große schwor auf diesen Wein ebenso wie seine Popen der russisch-orthodoxen Kirche, die ihn zum Meßwein erkoren. Nach dem ersten Weltkrieg erlebte der Cahors dann im Zusammenhang mit dem Aufkommen der Reblaus in Europa seinen Niedergang und geriet fast in Vergessenheit.

Inzwischen haben die tintenfarbenen Malbec-Weine ihren guten Ruf zurückerobert. Und das zu Recht, wie ich anhand mehrerer – zu Studienzwecken selbstverständlich – geleerter Flaschen bestätigen kann.

Sorgen um den Rest der Welt

Cahors – Montcuq

Ein Tag wie das Leben. Einmal aufwärts, einmal abwärts, einmal steil, einmal eben, einmal gemütlich, einmal glitschig, einmal steinig, einmal grasig. Abwechslungsreich – ebenso wie das Leben.

Ähnlich abwechslungsreich sind übrigens die Eintragungen in den „Gästebüchern", die in den einzelnen Kirchen und Kapellen aufliegen. Da fällt mir beispielsweise seit Tagen ein Holländer auf, der jeden Heiligen bittet, seinem kranken Freund beizustehen, der sich einer schweren Operation unterziehen muss. Oder ganz lieb ist sicherlich auch der Gruß, den eine – wahrscheinlich – junge Französin über den jeweiligen Heiligen (oder die Heilige) an ihre Oma sendet. (Ob eine Postkarte da nicht effektiver wäre?)

Große Sorgen scheint sich ein schweizer Familienvater um die schulischen Probleme seiner Sprösslinge zu machen. Er bat jedenfalls schon mehrmals um Unterstützung des Himmels bei einigen Prüfungen. Recht „cool" geht's ein englisches Paar an, das sich jeweils bedankt, dass die Kirchen- bzw. Kapellentür geöffnet ist und über die anderen Gotteshäuser schimpft, die wegen verschlossener Türen nicht zu besichtigen waren. Köstlich amüsiert habe ich mich auch über vier Österreicher, die dem jeweiligen Kirchenbuch anvertraut haben, ob sie am Vortag gut oder weniger gut gegessen haben und sich für beides – entsprechend abgestuft – bedankt haben.

Aber was sind diese kleinen, meist ganz persönlichen Anliegen gegen das, was ich von deutschen

Pilgern zu lesen bekam? Vier Eintragungen von zwei Einzelpersonen, einem Paar und einer sechsköpfigen Gruppe baten bei den einzelnen Heiligen um die Sicherung des Weltfriedens, um glückliche Zeiten für alle Menschen auf Erden und um eine gute Zukunft für die gesamte Menschheit. Gewiss, dies ist keinesfalls repräsentativ. Aber irgendwie scheinen wir Deutsche doch schwere Verantwortung für den Rest der Welt zu tragen.

Vom Reiseführer hereingelegt

Montcuq – L'Aube Nouvelle

Mit Reiseführern ist das so eine Sache. Verlässt man sich nicht auf sie, haben sie garantiert recht. Vertraut man ihnen aber total, so können sie einem hin und wieder ganz schön hinein legen. Heute war wieder so ein Tag. Mein Reiseführer verkündete mir am Start in Montcuq, dass die heutige Strecke 22 km lang sei. Kleinigkeit, setzt sich da im Hinterkopf fest. Du marschierst frohgemut los und weißt, dass du inclusive einer ausgedehnten Mittagspause spätestens um 16 Uhr im Quartier bist. Und wo bist du tatsächlich um 16 Uhr? Von den 22 km bin ich bereits 24 gelaufen. Weit und breit noch kein Ziel in Sicht.

Tapfer marschiere ich weiter. Wäre ich auf 30 km eingestellt gewesen, hätte mir das nichts ausgemacht. So aber tat mir jeder Schritt weh, bis ich nach über 29 km schließlich mein Hotel in L'Aube Nouvelle erreichte, das dann allerdings für alle Strapazen entschädigte.

Alles Käse – oder was?

L'Aube Nouvelle – Moissac

Auch gastronomisch hat der Jakobsweg allerhand zu bieten. Und das sollte nicht verschwiegen werden, denn schließlich leben auch Pilger nicht von Luft und Liebe. Für manche gehört es einfach dazu, die Spezialitäten der jeweiligen Regionen zu genießen. Und die sind bekanntlich in Frankreich sehr vielfältig.

Das fängt mit den Weinen an. Man muss im Cahors nicht einen Bordeaux trinken oder im Burgund einen Elsässer. Man sollte das genießen, was die jeweilige Region zu bieten hat. Gleiches gilt natürlich für den Aperitif oder für die reiche, regional geprägte Fülle an Gerichten oder an Käsen.

Die Region, in der ich mich gerade befinde, ist reich gesegnet mit den unterschiedlichsten Käsesorten. Allein in den letzten Tagen habe ich im Aubrac u. a. den Laguiole (benannt nach der Stadt, in der die berühmten Messer produziert werden) gegessen, habe den Bleu d'Auvergne, den Fourme d'Ambert (ein relativ milder Blauschimmelkäse) oder den Cantal (wurde bereits von Plinius erwähnt und gilt als eine der ältesten Käsesorten Frankreichs) genossen. Eine Vielfalt der Gerüche und Geschmäcker, wie man sie kaum reichhaltiger erleben kann.

Beeindruckende Architektur

Moissac – Auvillar

Ausgangs- und Endpunkt dieser Tagestour sind zwei Städte mit einer hinreißenden Architektur. In Moissac entstand schon im 7. Jahrhundert eine Benediktinerabtei, die zwar 721 und 732 von den Mauren zerstört wurde, aber auf Geheiß Karls des Großen wieder aufgebaut wurde. Im 11. Jahrhundert begann dann die große Zeit von Moissac. Besonders sehenswert ist das Tympanon am Südportal der Kirche St. Pierre, das als Meisterwerk der Romanik gilt und der Kreuzgang, der mit seinen Ecksäulen und Kapitellen einer der schönsten Frankreichs ist.

In Auvillar angekommen – ein letzter steiler Anstieg führt von der träg dahinfließenden Garonne aus ins Städtchen – beeindruckt vor allem die schöne runde Säulenhalle, die 1825 als Kornmarkt errichtet wurde und heute ein beliebter Pilgertreffpunkt ist.

Die Säulenhalle in Auvillar, in der früher der Kornmarkt stattfand

Die Früchte am Wegesrand

Auvillar – Lectoure

Wegkreuz bei Flamarens

Es ist Herbst. Morgens liegt ein Hauch von Nebel über der Landschaft, der sich erst allmählich lichtet und der Sonne weicht. Ein wunderschöner Altweibersommer.

Dass es Herbst ist, spürt man aber auch an den Feldfrüchten, die am Wegesrand zu finden sind.

Ob Brombeeren, Feigen, Zwetschgen, Nüsse, Äpfel, Kastanien oder Trauben: Der Tisch ist reich gedeckt. Während ich gemütlich ein paar Nüsse knacke und sich Bella an einem tief hängenden Feigenzweig etliche der zuckersüßen, vollreifen Früchte „stibitzt", gehen meine Gedanken zurück in frühere Jahrhunderte. Die Pilger damals hatten es ja erheblich schwieriger als wir heutzutage.

Vor allem mit der Verpflegung war es mit Sicherheit nicht zum Besten bestellt. Da muss doch dieser Herbst mit seinem üppig gedeckten Gabentisch wie ein Schlaraffenland gewesen sein.

Aber jede Medaille hat bekanntlich zwei Seiten. Das Ende des Herbstes ist der Anfang des Winters. Und da galt es für die Pilger ein warmes Quartier zu suchen, denn die Pyrenäen konnten im Winter nicht überquert werden. Für Bella und mich war ebenfalls der vorletzte Tag angebrochen. Übermorgen würde es zurück gehen ins „Winterquartier".

Fortsetzung in neun Monaten

Lectoure – Condom

Wunsch-Steine zum Abschied bei La Romieu

Letzter Tag der ersten Hälfte nach Santiago de Compostela. Nach meinen Berechnungen liegen rund 1500 km hinter mir. Unterwegs nach Condom bei La Romieu – der gascognische Name Arromieu bedeutet „Pilger“ – entdecke ich ein uraltes Steinkreuz, bei dem jeder Vorübergehende einen Stein niederlegen soll und dabei einen Wunsch äußern darf. Ich suchte mir einen besonders großen aus und wünschte mir, dass ich im nächsten Sommer so fit bin, dass ich auch den zweiten Teil des Jakobsweges in Angriff nehmen kann. Ich freue mich darauf, Bella wedelt mit dem Schwanz Zustimmung.

9 Monate Pause

Der bewachte Rucksack

Condom – Eauze

Neun Monate später. Ich habe schon seit Wochen mit den Hufen gescharrt. Und Bella ließ den Rucksack, den ich vor drei Wochen angefangen habe zu packen, nicht mehr aus den Augen. Damit sie nur ja nicht vergessen wird, legte sie sich nachts sogar neben ihn.

Nach anstrengender Fahrt über Grenoble, Nîmes und Toulouse hat er uns also wieder, der Chemin St. Jacques de Compostelle. Zum Wiedereinstieg 33 km, das schlaucht ganz schön, wenn die Strecke auch ziemlich einfach und eben ist, weil sie zum großen Teil auf einer stillgelegten Bahntrasse verläuft. So schön die Gegend unterwegs war – vor allem das Städtchen Montréal – so armselig wirkt Eauze. Bis hin zum Hotelzimmer, das angeblich noch zu den besseren gehört.

Musst du dir das antun?

Eauze – Nogaro

Es gibt so Tage: An denen sollte man einfach im Bett bleiben. Schon der Blick aus dem Fenster verhieß nichts Gutes. Kühl, trostlos, wolkenverhangen, Schnürlregen. Aber der Optimist im Pilger setzt sich durch. Es kann eigentlich nur besser werden, war meine Devise. Aber es kam anders: Es wurde von Schritt zu Schritt schlechter.

Und dann kommt nach 10 km irgendwann – spätestens wenn vom Hut das Wasser in kleinen Sturzbächen fließt und selbst das Unterhemd allmählich anfängt am Körper zu kleben – unweigerlich die Frage: „Musst du dir das eigentlich antun?"

Mechanisch stapfen die Füße weiter, der Regen prasselt unvermindert herab, aber der Kopf weigert sich, eine Antwort zu geben. Die kommt dafür am Abend. Nach einem erwärmenden Bad, einem erfrischenden Aperitif und während eines köstlichen kleinen Menüs mit den in der Gascogne schier unübertrefflichen „Confits de Canard" kommt die für mich nicht überraschende Antwort: „Ich bin ja doch ein toller Hecht." Ich habe mir diese Antwort allerdings leise gegeben, damit der Heilige Jakob sie nur ja nicht hören kann.

Und hier das Rezept für die Confits de Canard (die eingelegte Ente):

Eingelegte Ente

Zubereitung:

Die Ente wird zerteilt. Die Keulen lässt man ganz, die Brust wird in zwei Teile geschnitten. Die Stücke werden kräftig gesalzen. 24 Stunden später gut abwischen. Danach im Schmalz (am besten von der Ente selbst) bei kleinster Hitze drei Stunden dünsten. Dann werden die Stücke abgetropft und in einen (am besten) irdenen Topf gelegt und vollständig mit dem ausgelassenen Schmalz übergossen. Dadurch werden die Entenstücke für etliche Monate konserviert. Der Confit kann kalt oder warm mit den verschiedensten Beilagen gegessen werden.

Ich bevorzuge es warm mit einem kräftigen Gemüse von weißen Bohnen.

Die Gegend lebt vom Camino

Nogaro – Aire-sur-l'Adour

Ans schlechte Wetter habe ich mich allmählich gewöhnt, noch nicht ganz aber an die jetzt immer größer werdenden Heerscharen von Pilgern.

Auch wenn ich mich gerade im Armagnac befinde, wo der große Konkurrent des Cognac produziert wird, habe ich nicht den Eindruck, als sei diese Gegend mit irdischen Reichtümern gesegnet. Bei der wegen der Fülle der Pilger von Tag zu Tag schwerer werdenden Suche nach einem Quartier fällt es mir wie Schuppen von den Augen: Was würden die in dieser Gegend eigentlich ohne den Jakobsweg machen? Wenn ich mir vorstelle, dass alle 20, 25 oder 30 km – zig oder Hunderte von Jakobspilgern übernachten, mehr oder weniger üppig zu Abend essen, am nächsten Morgen für ihre Tagesvesper die Bäckereien, Metzgereien oder Supermarchés heimsuchen, dann wird mir klar, wie viel tausend Arbeitsplätze in dieser grenznahen Region vom Chemin de St. Jacques abhängen. Und mir wird deutlich, welche gewaltige Wirtschaftskraft hinter dieser Einrichtung steckt. Beim Abendessen im Restaurant z. B. waren heute von 17 Gästen nicht weniger als 14 als Pilger auszumachen. Und dieses Verhältnis dürfte in anderen Lokalen des Ortes nicht viel anders gewesen sein.

Geschickte Werbung

Aire-sur-l'Adour – Miramont

Wieder einmal ein Hinweis auf die Endstation. Am Ortseingang meines heutigen Zieles Miramont ist auf einer Tafel zu lesen: Santiago de Compostelle 954 km. Ab jetzt kann ich rückwärts rechnen.

An dieser Tafel wird deutlich, wie unterschiedlich manche Ortschaften ihre Funktion als Etappenziel am Jakobsweg sehen. Die einen machen rein gar nichts draus, andere wiederum „protzen" so richtig damit, dass sie an der berühmtesten Pilgerstrecke der Christenheit liegen. Auf der bereits erwähnten Tafel war zunächst einmal etwas über die Bedeutung des „Chemin St. Jacques" zu lesen. Dann folgten Informationen über die Bedeutung des Ortes und seiner Kirche sowie abschließend praktische Hinweise für den „verehrten Pilger". So beispielsweise der nicht geschäftsschädigende Tipp, dass man sich in Miramont mit allen möglichen Lebensmitteln eindecken könne, weil schon in vier bzw. sieben Kilometer Entfernung schöne Picnique-Plätze auf den Pilger warten. Werbung ist eben alles.

„Bedienen Sie sich"

Miramont – Morlanne

Nette Geste am Wegesrand : In Uzan, einem kleinen, verschlafenen Dörfchen auf dem Weg ins historisch interessante Morlanne hängt an einem Haus eine Tafel. Der erstaunte Wanderer kann dort lesen: „Liebe Pilger! Auf dem Tisch in unserem Hof stehen immer Kaffee und Tee für Sie bereit. Bitte bedienen Sie sich." Dokument und Ausdruck einer Denkweise, die zeigt, welchen Stellenwert Jakobspilger hier genießen.

Sorgen um die Bienen

Morlanne – Maslacq

Heute haben mich zwei Wolkenbrüche heimgesucht. Das schlechteste Sommerwetter seit Menschengedenken, berichtet mir unterwegs ein alter Bauer, der sich Sorgen um seine Bienen macht. In zwei Bars am Wegesrand kehre ich ein, um mich wenigstens etwas aufwärmen zu können. In der ersten saßen bereits zehn Pilger, in der zweiten vier und fünf weitere kamen klitschnass hinzu. Nichts besonderes – meinen Sie? Doch, denn alle 19 waren äußerst fröhliche Menschen. Kein einziger beschwerte sich wegen des Wetters und sie alle zogen selbst bei strömendem Regen tapfer wieder weiter.

Streit nur im Fernsehen

Maslacq – Navarrenx

Wahltag in Frankreich zur Nationalversammlung. Im Vergleich zu uns: Kaum Wahlplakate – und wenn überhaupt, dann nur an wenigen Plätzen konzentriert. Am Abend sind die Restaurants voll, aber nur von Leuten, die sich für die Wahlen nicht interessieren, sondern die sich friedlich und mit Hingabe ihrer Foie gras de Canard widmen. Gestritten wird dafür im Fernsehen. Aber im Vergleich zu uns läuft alles viel gesitteter und disziplinierter ab.

Kruzifix bei Navarrenx

Ein Ami mit weißen Handschuhen

Navarrenx – St. Palais

Man bewegt sich ja sehr unterschiedlich in Richtung Santiago de Compostela. Heute beispielsweise habe ich einen älteren Menschen erlebt, der mit einem zweirädrigen Koffertransporter unterwegs war, auf dem sich tatsächlich ein mittelschwerer Koffer befand. Der Herr selbst aber, der völlig vergeistigt nur mit sich selbst beschäftigt war, marschierte im Anzug und mit weißen Handschuhen sein Gepäck hinter sich herziehend in Richtung Spanien. Wir begegneten uns mehrere Male, mit ihm in Kontakt zu kommen war allerdings unmöglich. Er reagierte weder auf Blicke noch auf ein noch so freundliches „Bonjour". Am Abend im Hotel erfuhr ich, dass es sich bei diesem Pilger um einen steinreichen, etwas schrulligen Amerikaner handele, der den Jakobsweg schon zum x-ten Mal absolviert und jedes Jahr im gleichen Out-fit hier antritt. Pilger können eben sehr verschieden sein.

Zweierlei baskisch

St. Palais – St. Jean-Pied-de-Ports

Letzter Tag in Frankreich, letzter Tag im französischen Baskenland. Eine blitzsaubere Landschaft, schmucke Dörfer, freundliche Menschen. Wie passt das eigentlich zusammen, mit dem, was wir bei uns immer wieder an schrecklichen politischen Meldungen über das Baskenland hören?

Ganz behutsam taste ich mich vor. Von einer freundlichen Baskin, mit der ich ins Gespräch gekommen bin, möchte ich ganz gerne wissen, ob die Basken in Frankreich die gleichen politischen Ziele wie die Basken in Spanien haben. Die Frau schüttelt energisch den Kopf und versucht mir zu erklären, dass dem nicht so sei.

Croix de Galzetaburu bei St. Jean-Pied-de-Ports

„Aber über was redet ihr denn untereinander?“, frage ich. Und jetzt bin ich baff, denn meine Gesprächspartnerin erklärt mir, dass man in der einfachen Bevölkerung gar nicht miteinander rede. Zwar spreche man diesseits und jenseits der Grenze baskisch, aber keiner könne den anderen verstehen, weil baskisch in Frankreich und baskisch in Spanien total unterschiedliche Sprachen seien. Schlimm genug, wenn sich zwei Nachbarvölker nicht verstehen, aber wenn das zwischen Vertretern eines Volkes passiert....

So sehr ich die französischen Basken achten und schätzen gelernt habe, so sehr freue ich mich auf die spanischen Basken. Morgen geht's über die Pyrenäen. Heute nehme ich kulinarisch Abschied von Frankreich.

Und zwar mit einem Steinbuttsteak:

Rezept auf der nächsten Seite >>

Steinbuttsteak

Zutaten:
1 Steinbutt,
2,2 – 2,5 kg,
2 Auberginen,
Olivenöl, 1 Zwiebel,
1 grüne Paprikaschote.
1 Tomate, Salz und
Pfeffer aus der Mühle,
5 Knoblauchzehen,
Kabeljauköpfe und
-gräten.

Zubereitung:
Den Steinbutt küchenfertig vorbereiten, kalt abspülen, trockentupfen und filetieren. Die ganzen Auberginen im Backofen backen, bis die Haut braun wird und Blasen wirft. Die Früchte halbieren und mit einem Holzlöffel auskratzen. Die Zwiebeln schälen und in dünne Ringe, den Paprika putzen und in schmale Streifen schneiden. Die Tomate enthäuten, entkernen und zerdrücken.
Die Gemüse in Olivenöl andünsten. Das Auberginenfleisch dazugeben und bei schwacher Hitze 5 Minuten unter Rühren schmoren, salzen und pfeffern. Die Knoblauchzehen putzen und in Olivenöl zugedeckt langsam schmoren. Herausnehmen und das Öl aufheben.
Für die Herstellung der Kabeljau-Glace die Fischabfälle mit kaltem Wasser bedecken, aufkochen und so stark reduzieren, bis das Wasser sämig wird. Die Fischfilets kurz von beiden Seiten auf dem Grill rösten, so dass sie außen knusprig und im Kern noch zart bleiben, salzen und pfeffern.Auf 4 Teller je 1 EL Auberginengemüse in die Mitte geben und die Fischfilets darauf betten.
Das Knoblauchöl mit der Kabeljau-Glace schlagen und um die Filets herum träufeln. Mit frittierten Porreestücken dekorieren und mit einem rot-grünen Paprikasalpikon (sauer eingelegte kleine Paprikawürfel) garnieren.

Der Brunnen von Roland dem Riesen

St. Jean-Pied-de-Ports – Roncesvalles

Das ist zweifellos die Königsetappe des Jakobsweges. 19 von 24 km nur bergauf. Und wie steil. Von fast Null bis auf nahezu 1400 m Höhe geht es über die Pyrenäen. Und das ohne eine einzige Strecke zum Ausruhen. Das schlaucht selbst Pferde, wie ich unterwegs feststellen konnte, als mich zwei Reitersleute aus dem nordpfälzischen Kusel überholten. Weiter als ich kamen sie an diesem Tag aber auch nicht: Sie schafften auch „nur" Roncesvalles.

Kurz nach dem Überqueren der Passhöhe auf spanischer Seite ein neugefasster Brunnen mit für den Wanderer köstlichem Nass: Der Rolands-Brunnen. Errichtet zur Erinnerung an Roland den Riesen (vom Rathaus in Bremen), der hier im Kampf gegen die Mauren in jener berühmten Schlacht, in der Karl der Große besiegt wurde, sein Leben ließ. Allein der Gedanke, dass diese beiden ihren Fuß auf die gleiche Stelle gesetzt haben könnten, auf der ich jetzt stand, jagte mir einen Schauer über den Rücken. Oder war es nur die Anstrengung nach dem ziemlich kräftigen Aufstieg?

Von der Pfalz bis zu den Pyrenäen geritten

Erheblich ruhiger ging es dagegen bei einer Gruppe von Bus-Touristen zu, die mir zweimal begegnet sind. Sie „durften" jeweils zwei Kilometer laufen, wurden dann aber wieder etliche Kilometer im Bus gefahren. „Keine Überheblichkeit", sagte mir eine innere Stimme. „Danke lieber dem Herrgott, dass du alles laufen kannst." Ich dankte und wankte mit schlotternden Knien dem Ziel entgegen.

Von nun an geht´s bergauf: Das Stadttor von St. Jean-Pied-de-Ports

Zeter und Mordio

Roncesvalles – Zubiri

Roncesvalles ist eine dieser zahlreichen Stätten, die eigentlich nur von Jakobspilgern leben. Ein Kloster mit großem Refugio, ein Hotel und zwei Restaurants – das war's.

Unterwegs eine traumhaft schöne Landschaft. Spanien ist eine neue Welt. Plötzlich ein anderer Baustil als jenseits der Grenze, plötzlich völlig andere Gepflogenheiten als jenseits der Pyrenäen (Frühstück kaum vor 9 Uhr, Abendessen selten vor 21 Uhr) und plötzlich ein völlig anderes Verhalten einem Hund gegenüber als in Frankreich.

Eine liebliche Landschaft

Es kommt automatisch zu einer Kettenreaktion: Im Hotel gibt's kein Frühstück, weil ich schon um 8 Uhr aus dem Haus gehe, um mein Tagespensum zu schaffen. Nach fünf Kilometern gehe ich mit meinem Hund nichts-ahnend in eine relativ primitive Café-Bar, um wenigstens einen Café con leche (Milchkaffee) zu trinken. Zeter und Mordio schreit die Dame hinter dem Tresen, als sie meine Bella erblickt. Ergebnis: Ich schleiche mich ohne Kaffee. Es wird trotzdem ein schöner Tag.

Brücke bei Zubiri

International und national

Zubiri – Pamplona

In diese Wanderwege könnte man sich geradezu verlieben. Rauschende Wälder, verträumte Bäche, idyllische Plätze, alte Brücken, romantische Dörfchen. Und die Gesellschaft wird immer internationaler. Wichtig, dass man da am Abend ein nationales Gericht – in diesem Fall eine Spezialität des spanischen Baskenlandes – zu sich nimmt.

Und hier das Rezept für die Piperrada (einfach, aber schmackhaft):

Rezept auf der nächsten Seite >>

Piperrada

Zubereitung:

Den Backofen auf 250° (Gas Stufe 5) vorheizen. Paprikaschoten etwa 20 Minuten auf den Rost legen bis die Haut braun wird und Blasen wirft. Die Schoten häuten, entkernen und in schmale Streifen schneiden. Fleischtomaten überbrühen, häuten, quer halbieren, entkernen und dabei den Stielansatz entfernen. Das Fruchtfleisch klein würfeln. Schinken in schmale Streifen schneiden. Zwiebel und Knoblauch schälen, beides fein hacken. Die Hälfte des Olivenöls in einer Pfanne erhitzen, Zwiebel, Knoblauch und Schinken darin andünsten. Tomatenwürfel und Paprikastreifen dazugeben, mit Salz und Pfeffer würzen, etwa 10 Minuten schmoren, bis kaum noch Flüssigkeit da ist und in eine Schüssel füllen. Das restliche Olivenöl in der Pfanne erwärmen. Die Eier aufschlagen, verquirlen, mit Salz und Pfeffer würzen und hineingießen. Bei schwacher Hitze in etwa 3 Minuten stocken lassen, dabei ab und zu umrühren. Das Gemüse auf den Eiern verteilen und zugedeckt weitere 10 Minuten garen. Mit weißem Landbrot servieren.

Zutaten für 4 Personen:

*1 mittelgroße rote Paprikaschote,
1 mittelgroße grüne Paprikaschote.
2 mittelgroße Fleischtomaten (etwa 350 g),
50 g gekochter Schinken,
1 große Zwiebel,
4 Knoblauchzehen,
3 EL Olivenöl,
Salz, schwarzer Pfeffer, frisch gemahlen, 8 Eier*

Hetzjagd der Stiere

Pamplona – Puente la Reina

Start in Pamplona, jener Stadt, die weniger für ihre Lage am Camino als für ihr alljährliches Spektakel mit den durch die Altstadt getriebenen Stieren bekannt ist. Gewiss, es sind wahrscheinlich mehr Menschen, die sich für die Hetzjagd der Stiere auf die Zweibeiner interessieren, die Pilger scheinen mir aber dennoch die Vernünftigeren zu sein. Jedenfalls haben sie mehr davon, die Altstadt gemütlich zu durchstreifen, als vor den gezückten Hörnern davon zu rennen.

Ziel ist Puente la Reina, eine rechtwinklig angelegte Stadt mit kerzengeraden Straßen und stattlichen romanischen Fassaden. Über den Fluss Arga führt die Puente de Los Peregrinos, (die Pilgerbrücke). Sie gilt mit ihren sechs Rundbögen und fünf Pfeilern als eine der bekanntesten Brücken auf dem Camino.

Der immer sprudelnde Weinbrunnen

Puente la Reina – Irache

Eigentlich wollte ich in Estella übernachten. Aber die Etappe war so schön, so angenehm und so gemütlich, dass mich eine innere Stimme noch drei Kilometer weiter trieb nach Irache. Und das war gut so. Denn dort – einen Kilometer vor meinem Hotel – entdeckte ich eine tolle Besonderheit des Camino: Eine Rotwein-Quelle. Direkt neben dem Kloster Santa Maria la Real de Irache steht die im Jahre 1891 gegründete Weinkellerei Bodegas Irache und die ließ sich zu ihrem 100jährigen Jubiläum 1991 etwas besonderes einfallen: Sie stiftete einen Brunnen, aus dem am rechten Hahn erfrischendes Wasser fließt und aus dem linken kräftiger Navarreser Rotwein. Und das alles kostenlos.

Mir wurde übrigens glaubhaft von einer Mitarbeiterin versichert, dass die Pilger durchschnittlich pro Tag nicht viel mehr als 20 Liter Wein abzapfen. Angesichts der Riesen-Werbung – bei dem Brunnen handelt es sich um das am meisten fotografierte Objekt des gesamten Camino – sicherlich eine verschmerzbare Größenordnung, zumal direkt daneben ein Automat steht, aus dem gegen ordentliches Entgelt solche Köstlichkeiten wie Erdnüsse, Kartoffelchips oder Müsli-Riegel gezogen werden können. Und dort werden die Kosten für den Wein sicher wieder hereingespielt.

Aber warum war es gut so, dass ich nicht in Estella übernachtet habe? Weil ich sonst am frühen Morgen an dieser Quelle vorbeigekommen wäre. Und morgens geht mir beim besten Willen noch kein Alkohol über die Lippen. Am Spätnachmittag aber habe ich einen erklecklichen Beitrag dazu geleistet – zumindest für diesen Tag – den Pro-Kopf-Verbrauch erheblich über die 20 Liter zu schrauben.

Schattige Plätze gesucht

Irache – Torres del Rio

Das war eine etwas schwierige und hin und wieder langweilige Etappe. Die Landschaft ziemlich eintönig: Kein Baum, kein Strauch. Dafür Sonne ohne Ende. Kein Wunder, dass die immer zahlreicher werdenden Pilger jedes noch so kleine schattige Plätzchen suchten.

Nach der Anstrengung des Tages ließ ich mir am Abend eine navarresische Spezialität (ich wandere schon seit Tagen durch das ehemalige Königreich Navarra) besonders munden: Forelle Navarra-Art.

Auf der Suche nach einem Schattigen Platz

Forelle Navarra-Art

Zutaten für 4 Personen:
*4 Forellen, küchenfertig vorbereitet (je etwa 350 g),
Salz, schwarzer Pfeffer, frisch gemahlen,
150 g Serrano-Schinken in 4 Scheiben,
Mehl zum Wenden,
100 g Speck, durchwachsen, ohne Schwarte,
5 EL Olivenöl.*

Zubereitung:
Forellen kalt abspülen, trockentupfen und innen und außen leicht salzen und pfeffern. Serrano-Schinken in die Bäuche der Forellen legen. Mehl auf eine Platte geben, die Forellen darin wenden und das überschüssige Mehl abschütteln. Speck in kleine Würfel schneiden. Olivenöl in einer Pfanne erhitzen und die Speckwürfel bei schwacher Hitze ausbraten. Die Forellen darin auf jeder Seite in etwa 10 Minuten bei mittlerer Hitze goldbraun braten. Mit Kartoffeln oder Weißbrot servieren.
Getränk: Ein Rosé aus Navarra passt besonders gut dazu.

Rioja und Reblaus

Torres del Rio – Navarette

Logrono, durch das ich heute marschiert bin, mag wirklich eine schöne Stadt sein. Für Pilger aber, die sie durchqueren müssen, ist sie nervtötend. Eintönige Industrie- und Gewerbegebiete machen einfach keine Freude. Meiner Bella schon gar nicht, denn sie musste ständig an der Leine laufen.

Eine gewaltige Stärke aber hat Logrono: Sie ist die Hauptstadt des berühmtesten spanischen Weinbaugebietes, des Rioja, das stolz von sich behauptet, eines der besten Weinbaugebiete der Welt zu sein. Halb in Kastilien, halb in Navarra hat dieses Weinbaugebiet etwas französisches an sich. Denn als im 19. Jahrhundert die Reblaus weite Teile der französischen Weinberge lahm gelegt hatte, kamen viele Winzer aus dem Nachbarland hierher, um ihre Weine zu produzieren. Vielleicht ist das mit ein Grund, warum mich die Rotweine, die ich hier genießen durfte, häufig ans Bordeaux erinnert haben.

Reich beschenkte Pilger

Navarette – Santo Domingo de la Calzada

Steine am Wegesrand bei Najere

Die Spanier werden immer sympathischer. Die Weinquelle in Irache, ein Bauer am Wegrand verschenkt Obst an die Pilger, eine junge Dame beim Refugio in Najera bietet kostenlos Café con leche an, ein städtischer Fahrer aus Santo Domingo fährt eine besonders staubige Straße ab und schenkt den Pilgern aus einer Kühlbox eiskaltes Wasser aus. Man meint es gut mit uns.

Zwei Besonderheiten unterwegs. Plötzlich liegen überall Steine am Wegesrand. Ich beobachte einige Pilger. Sie bringen sie mit, ordnen sie kunstvoll an und legen wahrscheinlich mit jedem Stein ein Stück Last von ihrer Seele ab.

Wenige Kilometer weiter ein ellenlanger Maschendrahtzaun und viele Pilger stecken Kreuze daran. Irgendwann muss jemand damit begonnen haben. Die Tradition wird wahrscheinlich erst enden, wenn der Drahtzaun einmal nicht mehr ist.

Holzkreuze am Drahtzaun bei Navarette

1000 Gründe

Santo Domingo de la Calzada – Belorado

Keine schöne Etappe, weil sie häufig entlang einer stark befahrenen Autostraße führt. Aber die Gesellschaft wird immer internationaler. Ein Franzose aus Paris mit Blasen, der nicht aufgeben will, eine stets fröhliche Holländerin mit ihrem Vater, eine alte New Yorkerin, die aus Tschechien stammt und jedem unterwegs erzählt, dass sie mit Vornamen Anita heißt, ein Professor aus Tokio mit seiner Frau, der in Heidelberg studiert hat und der bei jedem Schritt so aussieht, als würde er beim nächsten zusammenbrechen, ein Studentenpärchen aus Kanada, das nicht nur gerne und ausgiebig turtelt, sondern auch in jede Kirche geht, usw. usw.. Und dann ist da auch noch jener ältere Franzose, der ständig Kreuze bastelt und sie am Wegrand aufstellt. Ein besonders schönes, das er reich mit Feldblumen verziert hatte, trug er heute einige Kilometer vor sich her und sang dazu fröhliche Lieder. Ich glaube, jeder, den man befragen würde, warum er nach Santiago geht, hätte eine andere Antwort. Es gibt wahrscheinlich Tausende von Gründen.

Pilger einst...

Eine Mammut-Tour für Bella

Belorado – Rubena

Weil ich wegen Bella nicht ins Refugio kann und es in San Juan de Ortega keine andere Chance gibt, zu übernachten, habe ich eine Mammut-Tour auf mich genommen.

Es war noch dunkel als wir unsere Pension verließen. Aber bis zur Mittagszeit waren bereits über 20 km hinter uns. Unterwegs gewaltige Steigungen in den Oca-Bergen mit unvergleichlichen Rundblicken.

Als wir San Juan de Ortega passierten, hatten wir zwar noch 14 km vor uns, dafür aber ein Quartier sicher. Fast auf dem Zahnfleisch erreichten wir unser hässliches Hotel an einer stark befahrenen Autostraße. Zufrieden, aber erschöpft verschlief ich sogar das Abendessen.

...und Pilger heute

Das beste Wasser weit und breit

Rubena - Castrojeriz

Dafür habe ich es mir am nächsten Tag etwas bequemer gemacht. Gewitzt aus der Erfahrung mit dem Durchlaufen größerer Städte habe ich Burgos mit einem Taxi durchquert. Sehr zur Freude von Bella, die dabei nicht an die Leine musste. Hätte ich allerdings am Morgen geahnt, was mir am Nachmittag blühte, wäre ich nicht so freudig in den jungen Tag marschiert. Es wurde ein wunderschöner solcher. Durch die Meseta ging es, die Ansicht einer fast eintönigen Landschaft konnte beeindrucken. Unterwegs ein Dorf, Hornutas: Durchschnittsalter der Einwohner ca. 70 Jahre. Aber eine beeindruckende Kirche, die wie so viele am Camino geschlossen war. Dafür gab es einen doppelläufigen Brunnen mit eiskalt-perlendem Wasser, über den mir ein alter Bauer berichtete, dass es zwischen Puente la

Von Pilgern aufgeworfene Steinhaufen bei Hornillas del Camino

Reina und Santiago de Compostela kein besseres Wasser gebe. Ich hatte zumindest bisher kein besseres getrunken und wollte ihm einfach glauben.

Plötzlich lautes Autohupen: Brot und Fische wurden mit einem Auto gebracht und direkt auf der Straße verkauft.

Weiter ging es zweieinhalb Stunden durch eine großartige Landschaft. Castrojeriz lag vor uns im gleisenden Sonnenlicht.

Hier dürfte es keine Schwierigkeiten mit der Übernachtung geben, denn es gab nicht weniger als sieben Hotels. Erstes Hotel: „Perro non" (keine Hunde). Siebtes Hotel: „Perro non". Dazwischen gab es ein einziges Angebot, den Hund im Garten übernachten zu lassen.

Pilgersäule bei Fromista

Mein Entschluss: Weiterfahrt mit dem Taxi nach Fromista. Nach einer halben Stunde kam das Taxi tatsächlich. Nach einer halben Minute war es wieder weg. „Hunde transportiere ich nicht“, erklärte der Taxifahrer.

Schließlich versicherte mir ein Einheimischer, dass er bereit sei, mich die 22 km nach Fromista zu fahren. Gracias. Schlimm wurde es allerdings, als ich meinen Rucksack und meinen Hut in ein Gemisch von Hobelspänen und Glasscherben in seinen Kofferraum legen musste. Als er dann aber auch noch verlangte, dass sich Bella dazulegen müsste, wurde ich renitent. Nach längerer Auseinandersetzung durfte sie schließlich vor mir auf dem Boden liegen und dafür nahm mir der freundliche Helfer schließlich noch 30 Euro für 22 km ab.

Immer größere Probleme

Fromista – Carrion de los Condes

Das war heute ein Tag zum Erholen. Langweilige Landschaft, aber schöne Dörfer und in Villal Cazar de Sirga die Kirche Santa Maria la Blanca aus dem 13. Jahrhundert.

Die Probleme mit dem Hund werden inzwischen immer größer. Da ich selbst keine spanischen Sprachkenntnisse habe, rufe ich täglich meine in München lebende Tochter Katharina an, die fließend spanisch spricht. Ihr gebe ich abends durch, wo ich am nächsten Tag voraussichtlich landen werde und sie sucht mir dann von dort aus ein Zimmer.

An meinem heutigen Etappenziel hat es gerade wieder so geklappt. Carrion de los Condes hieße übrigens heute vielleicht Amerika, wenn Christoph Kolumbus damals einverstanden gewesen wäre. Ursprünglich nämlich wollte ihm die spanische Krone diese Stadt zum Geschenk machen für seine Entdeckung Amerikas. Aber er soll abgelehnt haben.

Die Reise zu sich selbst

Carrion de los Condes - Sahagun

Im Dunkeln bin ich um sieben Uhr weg gelaufen und wieder im Dunkeln erst kurz vor 19 Uhr angekommen.

Am Abend treffe ich auf lauter wankende Gestalten, die vorsichtig einen Fuß vor den anderen setzen. Es werden immer mehr. Allmählich fange ich an, die inoffiziell bekanntgegebenen Schätzungen der Pilgerzahlen zu glauben. Es sollen derzeit jährlich nahezu 300.000 sein, die allein den spanischen Jakobsweg laufen. Noch vor 15 Jahren sollen es nur etwa 3.000 gewesen sein. Irgend etwas scheint sich auf der Welt zwischenzeitlich verändert zu haben. Oder es gibt immer mehr Menschen, die eine Reise zu sich selbst unternehmen wollen.

Bedenkliches Anzeichen: Heute fing Bella an kräftig zu hinken. Der Ballen am rechten Vorderfuß ist kräftig entzündet. Das gefällt mir überhaupt nicht.

Jakobus am Refugio von Sahagun

München greift ein

Sahagun – El Burgo Raneros

Mit Bella wurde es nicht besser. Anfangs lief sie zwar ordentlich, da wir aber seit Tagen nur über feinsten Schotter marschiert waren, fing das Hinken nach wenigen Kilometern ganz allmählich wieder an und wurde bis zum Abend ziemlich kräftig.

Schwierigkeiten hatte ich aber zudem mit meiner Hotelreservierung. Obwohl von Katharina am Vortag bereits bestellt, erklärte mir die Wirtin am Abend bei der Ankunft, sie hätte sich unter meinem Hund ein kleineres Exemplar vorgestellt. Mit dem Labrador komme ich nicht in ihr Hotel. Und das war schließlich die einzige Übernachtungsmöglichkeit im Dorf. Weiterlaufen konnte ich nicht, weil der Hund Schwierigkeiten hatte. Ein Taxi gab es weit und breit nicht, ich war ziemlich ratlos. Schließlich rief ich bei meiner Tochter in München an, die ließ sich die Wirtin geben und muss sie so zur „Minna" gemacht haben, dass ich schließlich doch übernachten durfte.

Brücke bei Sahagun

Ein guter Stern in der Not

El Burgo Raneros - Leon

Irgend jemand hat mir erzählt, dass der schönste Teil des Camino rund um Leon sei. Ich weiß nicht, wo dieser Mensch gegangen ist, denn ich bin heute fast den ganzen Tag entweder neben oder auf stark befahrenen Überlandstraßen gelaufen. Und das schlaucht ganz schön.

Am meisten geschlaucht hat es meine Bella. Ihr Hinken begann bereits kurz nach dem Start und wurde immer schlimmer. Sie pausierte öfter und ich kam allmählich zu dem Schluss, dass dies das Ende ihrer Wanderung sei. Lange habe ich mit mir gekämpft, aber dann stand mein Entschluss fest: Durchhalten bis Leon, dort in den Zug, den Hund nach Hause bringen und wieder nach Leon zurückfliegen. Leichter gedacht als getan. Als ich schließlich in Leon am Hauptbahnhof ankam und eine Fahrkarte nach Vitoria lösen wollte, wo mein Auto stand, wurde mir kategorisch erklärt, dass ein Hund nicht in den Zug dürfe. Nachdem auch mein Versuch gescheitert war, ein Auto für die rund 320 km lange Strecke zu mieten, saß ich ratlos bei einem Espresso im Hauptbahnhof. Schließlich rief ich meinen in Vitoria wohnenden Freund Ernst Wünstel (Generaldirektor des Mercedeswerkes in Vitoria, wo der Vito gebaut wird) an, um ihn zu fragen, wie ich von hier weg kommen kann. Seine Antwort kam prompt: „Ich schicke dir einen Vito“. Herzlichen Dank an den Stern.

Ich hatte nun Zeit, mir Leon anzuschauen, weil es knapp vier Stunden dauerte, bis der Vito ankam. Diese ehemalige römische Garnison ist ein Erlebnis für sich. Der Eindruck reicht von der Real Basilica de San Isidoro, einem der schönsten romanischen Kunstwerke am Camino bis zur Kathedrale Sta. Maria de la Regla, einem Meisterwerk der spanischen Gotik.

In Leon also kam das überraschende Ende, ich fuhr mit meinem lädierten Hund zurück nach Deutschland und flog einige Tage später wieder von Frankfurt über Madrid nach Leon.

Kurz vor Leon war Endstation für Bella

Ein ungemütlicher Start

Leon – Villadangos del Paramo

Wieder zurück in Spanien: Der heutige Weg war ziemlich ungemütlich. Es ging meistens an einer Autostraße entlang. In Nordspanien übrigens werden derzeit unaufhörlich neue Autostraßen gebaut: Die Zuschüsse aus Europa lassen grüßen.

Zur Entschädigung habe ich mir am Abend etwas ganz besonderes gegönnt: Jakobsmuscheln galizisch.

Jakobsmuscheln galizisch

Zutaten für 4 Personen:
16 Jakobsmuscheln mit Corail,
Saft von 1 Zitrone,
1 Zwiebel,
4 EL Olivenöl,
2 Knoblauchzehen,
4 cl Aguardiente (ersatzweise Grappa),
Salz, schwarzer Pfeffer (frisch gemahlen),
1 TL mildes Paprikapulver,
1 Prise Cayennepfeffer,
1 Prise Zimt,
200 ml trockener Weißwein,
1 Bund glatte Petersilie,
4 EL Semmelbrösel,
8 Muschelschalen

Zubereitungszeit 35 Minuten (+ 12 Minuten Überbacken)

Zubereitung:
Corails von den Jakobsmuscheln entfernen. Die Jakobsmuscheln mit Zitronensaft beträufeln und kalt stellen. Den Backofen auf 200 ° (Gas Stufe 3) vorheizen.
Zwiebeln schälen, fein hacken und in 1 EL heißem Olivenöl weich dünstel. Knoblauch schälen und dazupressen. Corails sehr klein schneiden und daruntermischen.
Mit Aguardiente ablöschen und mit Salz, Pfeffer, Paprikapulver, Cayennepfeffer und Zimt würzen.
Weißwein dazugießen und aufkochen. Petersilie waschen, trockenschütteln, abzupfen, fein hacken und mit den Semmelbröseln mischen.
Die Muschelschalen oder eine Auflaufform einölen und die Jakobsmuscheln hineinlegen.
Die Sauce auf den Jakobsmuscheln verteilen und mit der Semmelbröselmischung gleichmäßig bestreuen.
Mit dem restlichen Olivenöl beträufeln und im vorgeheizten Backofen (Mitte) etwa 10 – 12 Minuten goldgelb überbacken (Muschelschalen auf einer dicken Schicht Salz auf ein Blech setzen, damit sie nicht kippen).
Als Beilage Weißbrot reichen.

So kann man sich täuschen

Villadangos del Paramo - Astorga

Was macht eigentlich den Reiz des Camino aus? Diese Frage wird einem immer wieder gestellt. Ob unterwegs von den Pilgern selbst, ob im Freundeskreis oder unter den zahlreichen Interessenten, die einem immer wieder ansprechen. Die Antwort ist so vielfältig wie die Frager selbst. Es gibt unendlich viele Möglichkeiten, eine solche Frage zu beantworten. Eine aber darf nie fehlen: Die Menschen. Sie machen für mich den größten Teil des Reizes aus.

Heute habe ich wieder einen solchen Fall erlebt. Kurz vor Hospital de Obrigas lief eine junge Französin, die ich schon zwei-, dreimal flüchtig gesehen hatte, auf. Da – wie sich im Gespräch herausstellte – wir beide noch nicht gefrühstückt hatten, beschlossen wir, die nächste Café-Bar aufzusuchen.

Altes Wegkreuz vor Astorga

Dort saßen bereits fünf Engländer und zwei Schweizer. Die Französin bestellte einen Tee mit Zitrone, ich den obligatorischen Café con leche, der in Spanien so gut schmeckt. „Smalltalk“, woher, wohin, warum? Tee leer, Kaffee leer, es geht weiter. Plötzlich höre ich einen Schreckensschrei bei meiner Nachbarin. „Je n'ai plus mon portemonnaie.“ Ihr fehlte der Geldbeutel. Sie konnte ihren Rucksack noch so drehen und wenden wie sie wollte: Sie saß ohne einen Cent und ohne Kreditkarte in Spanien. Spontan gab ich ihr 20 €, damit sie zum Refugio, in dem sie übernachtet hatte, mit dem Taxi zurückfahren konnte, um nach ihrem Geldbeutel zu suchen. Sicherheitshalber nannte ich ihr auch noch mein Hotel, falls sie mittellos dastünde, um ihr weiter zu helfen.

Ich hatte noch etwa 18 km zu laufen. Als ich nach zwei Kilometern das nächste Dorf erreichte, sah ich die junge Dame dort in ein Geschäft rennen. Sie sah mich nicht.

Auf den nächsten 12 km gingen mir alle möglichen Gedanken durch den Kopf. Mir war ziemlich klar, dass ich hereingelegt worden war. Natürlich wurde ich durch diese 20 € nicht ärmer. Aber ärgerlich war es trotzdem. Vielleicht hatte ich ja schon damit gerechnet, dass das Geld weg war, sonst hätte ich dem Mädchen ja meine Konto-Nr. angeben können.

Ich lief unverdrossen – verdrossen weiter. Auf der einen Seite hatte ich ein gutes Gewissen, weil ich versucht hatte, einem jungen Menschen zu helfen, auf der anderen Seite ärgerte ich mich, weil ich „alter Esel" einem so jungen Ding auf den Leim gegangen war.

Vier km vor dem Ziel entdeckte ich ein altes Wegkreuz. Rucksack ab, Fotoapparat raus, kurze Rast. Plötzlich höre ich hinter mir einen Schrei: „Monsieur, j'ai trouve mon argent." Um es kurz zu machen:

Brücke bei Hospital de Obrigo

Überall Jakobsmuscheln; sogar auf dem Fußboden

Das Mädchen hatte versucht, in dem Geschäft, in das ich es enteilen sah, ein Taxi zu rufen, weil sie mit meinen 20 € an keinen Telefonautomaten konnte. Sie fuhr in ihr Refugio zurück, fand ihren Geldbeutel und ließ sich per Anhalter so weit mitnehmen, dass sie mich finden konnte, um mir die 20 € zu bringen. Wegen meiner vielen Gedanken während des Tages habe ich mich geschämt. Es sind eben doch faszinierende Menschen auf dem Jakobsweg. Und die machen seinen Reiz aus.

Uninteressante Bundesliga

Astorga – Rabanal del Camino

Wann ist man auf dem Camino? Wenn Dich ein waschechter Amerikaner in kauderwelschendem spanisch fragt, welcher Nationalität Du angehörst und Du in fließendem französisch erklärst, dass Du ein Deutscher bist. Und wenn dann noch ein Japaner des Weges zieht und „O sole mio" singt, dann bist Du auf dem Camino.

Wann aber bist Du endgültig dort angekommen? Wenn Dich nichts mehr von dem interessiert, was Dir sonst wichtig erscheint. Nicht mehr das Ergebnis Deines Lieblings-Bundesligisten, nicht mehr die Querelen in der deutschen Politik, nicht mehr das, was Dir dein Geschäftspartner über Handy vom Busines erzählen will, ja kaum noch das, was Dir deine Frau allabendlich zu berichten weiß. Jetzt bist Du angekommen und auch schon bald am Ziel.

Ermita de Eccehomo

Heute bin ich durch's Maragata gewandert, eine faszinierende Landschaft in mehr als tausend Meter Höhe, in der die Maragatos leben. Maultiertreiber mit ihren schwarzen Pluderhosen, die sich dem Transportgeschäft verdingt hatten und weit herum kamen. Kein Wunder, dass ihnen früher schnell etwas angehängt wurde. Bei vielen galten sie als die letzten Kelten in Spanien, bei anderen als ehemalige Maurensklaven. Wahrscheinlich aber waren sie nur aufgrund der Armut ihrer wunderschönen Landschaft gezwungen, zu transportieren und zu handeln.

Und heute? Der Jakobsweg wird's richten! Ein Hotel, eine Bar und ein Restaurant nach dem anderen sind in den letzten Jahren entstanden. Ja sogar ein Benediktinerkloster ist 2001 in Rabanal gegründet worden, das sich speziell der Pilger annimmt.

Spezialität der Region ist ein Eintopf mit Fleisch und Gemüse, der Cocido maragato.
Warnung: Essen Sie ihn nie!
Erster Teller: Schweinshaxe, Bratwurst, Schweinsfuß, Schweineschwarte, Hühnerbrust.
Zweiter Teller: Weißkohl und Erbsen.
Dritter Teller: Nudelsuppe.
Katastrophal!

Wegzeichen bei Castillo de los Polvazares

Hut ab vor dieser Leistung

Rabanal del Camino – Ponferrada

Heute bin ich mir trotz meiner 61 Jahre sehr jung vorgekommen. Nachdem ich um 7.30 Uhr im Stockdunkeln los gepilgert bin, habe ich in der Morgendämmerung nach etwa einer Stunde einen Menschen vor mir bemerkt. Da war also einer noch vor mir los gestiefelt.

Wahrscheinlich auch aus Respekt vor der langen Etappe, die zudem auf über 1.500 m hoch führt. Mein Vorläufer erweist sich als Kanadier. Und stolz erzählt er mir, dass er 68 Jahre alt ist. Innerlich ziehe ich den Hut vor seiner Leistung. Meine Frage, warum er erst mit 68 Jahren den Camino läuft, beantwortet er lächelnd: „Ich habe erst vor vier Monaten gehört, dass es den Camino gibt."

Jung habe ich mich aber auch gefühlt, weil ich die 35 km mit rund 600 m Aufstieg und 900 m Abstieg relativ gut überstanden habe.

Acht km vor Ponferrada lief ich in Molinaseca – übrigens ein schönes Dörfchen mit vielen Bodegas – auf eine 10köpfige Gruppe junger Deutscher, Österreicher und

Ein Geisterdorf am Camino

Spanier auf, die heftig diskutierten, ob sie nun hier ins Refugio gehen oder ob sie nach Ponferrada durchlaufen. Es gab eine Abstimmung: 8 : 2 für's Hierbleiben. Begründung: Die letzten acht km sind zu viel. Stolz bin ich weiter marschiert. Und am Abend habe ich mir eine besonders gute Flasche Rotwein aus dem Bierzo gegönnt: Ein 1997er Mencia Guerra.

An diesem Kreuz sollte jeder Pilger einen Stein ablegen

Verachtet mir die Alten nicht

Ponferrada – Villa Franca

Das Bierzo, durch das ich heute gewandert bin, ist eine wunderschöne Weinlandschaft. Seit zwei Tagen nun trinke ich diese Weine, sie können begeistern. Heute ist mir übrigens aufgefallen, warum sie so kräftig, so gehaltvoll und so charakterfest sind. Sie stammen fast alle von 60- bis 100jährigen Reben. Verachtet mir die Alten nicht – eine Erkenntnis, die sich auch in deutschen Weinbaugebieten allmählich durchzusetzen scheint.

Unterwegs gab es übrigens in Camponaraya eine Winzergenossenschaft, die die „Pelegrinos" freundlich einlädt, kostenlos das eine oder andere Glas Wein zu probieren. Die unterschiedlichsten Schläuche mit Zapfhähnen sind vorhanden: Die Auswahl reicht von blanco über rosado bis zu tinto.

Wer hat sich nun verrechnet?

Villa Franca – O Cebreiro

Heute habe ich Galicien erreicht. Die letzte Etappe steht bevor. An der Grenze, kurz vor dem Cebreiro-Pass (1.300 m) steht ein Stein, der ankündigt, dass es noch 152,5 km nach Santiago sind. Ich habe eine andere Zahl und deshalb bin ich einmal gespannt, ob sich der Stein verrechnet hat oder ich.

Bin ich gestern durch's Weinland gewandert, so waren es heute – zumindest bis zur Höhe von etwa 900 m – ausgedehnte Kastanienwälder. Wo immer die Römer die Reben hingebracht haben, durften die Kastanien nicht fehlen.

Nicht bequem, aber schön

Wie bei ARD und ZDF

O Cebreiro - Sarria

Die Provinz Galicien hat alle 500 m entlang des Camino einen Stein gestellt, an dem festgehalten wird, wie weit es noch bis Santiago ist. Heute sind mehr als 80 dieser Steine an mir „vorbeigeflogen". Eine Differenz bei den Kilometern gibt es allerdings immer noch. Auch wenn wir uns allmählich annähern. Irgendwie habe ich den Eindruck, als gebe es Parallelen zu den Hochrechnungen von ARD und ZDF am Wahlabend. Zunächst sind sie ja bekanntlich weit auseinander, dann ganz allmählich kommen sie sich näher. Wir werden am Ende ja sehen.

Für die heutige Wanderung gab mir mein Pilgerführer 38,7 km an, tatsächlich waren es 44. Fünf Kilometer weniger wären verkraftbar gewesen, fünf Kilometer mehr waren „Mord".

Ich warte auf einen Druiden

Sarria – Portomarin

Dies muss das Land sein, in dem Asterix und Obelix einst ihr Unwesen mit den Römern getrieben haben. Nicht Gallien, sondern Galicien beherbergte jenes Widerstandsnest gegen Cäsar. Mein heutiger Marsch durch mächtige Eichen- und Kastanienwälder macht mich in dieser Annahme ganz sicher. Ich hätte mich nicht gewundert, wenn hinter einem der Bäume plötzlich ein Druide hervorgetreten wäre. Schließlich heißt Galicien auch die „Keltische Provinz" Spaniens. Und was ich heute an eichelfressenden Wildschweinen gesehen habe, hätte mindestens für acht Tage als Obelix-Verpflegung gereicht.

Santiago rückt immer näher. Heute habe ich den 100-km-Stein passiert, auch wenn meine private Rechnung am Ende der Etappe immer noch bei 107 km steht. Aber egal wieviel Kilometer es noch sind: In drei Tagen bin ich am Ziel. Am vierten nämlich muss ich im Flugzeug sitzen.

Auch der Camino bleibt von Schmierereien nicht verschont

Pilgerunfreundliche Gepflogenheiten

Portomarin – Palas de Rei

Santiago naht und ich habe beim besten Willen kein Hochgefühl. Kein Wunder auch, bei dem Sauwetter. Man rettet sich gerade zwischen zwei Regengüssen von einer Kneipe zur anderen. Dafür habe ich heute in einer solchen eine Landsfrau kennengelernt, die nur knapp 25 km entfernt von uns wohnt und die ebenfalls Schutz vor dem Regen suchte.

In meinem heutigen Hotel ist es mir wieder einmal schlecht ergangen: Der Speiseraum wurde, obwohl ich bereits um 19 Uhr kräftig Hunger hatte und hundsmüde war, erst gegen 21 Uhr geöffnet. Hinzu kommt, dass das Frühstück am nächsten Morgen erst gegen 9 Uhr serviert wurde. Zu einer Zeit also, in der ich bereits zum ersten Mal müde vom Wandern war. Pilgerfreundlich sind diese spanischen Gepflogenheiten bei Gott nicht.

Hier geht's lang, zeigt mir der Pilger in Portomarin

Nur noch 39 km

Palas de Rei – Arzua

Nur um 12 km verrechnet. Das geht noch. Es sind nämlich „nur" noch 39 km bis ans Ziel an der Kathedrale (so stelle ich am Abend des vorletzten Tages fest). Und die werde ich morgen – völlig gleichgültig, was das Wetter macht, abspulen. Im Glücksgefühl, das Ziel nach rund 2.500 km erreicht zu haben. Das Wetter wird zwar immer schlechter, die Menschen dafür aber immer fröhlicher.

Das merkte ich auch am Abend, als ich mir in einem guten Restaurant ein ebenso gutes Wildschweinragout bestellte.

Rezept auf der nächsten Seite >>

Wildschweinragout

Zutaten
1 Zwiebel,
2 Möhren,
4 Knoblauchzehen,
100 g Speck,
1 kg Wildschwein-fleisch aus der Keule,
2 EL Olivenöl,
etwas Salz,
frisch gemahlenen Pfeffer,
2 Lorbeerblätter,
1 TL Thymian,
1 TL Pfefferkörner,
2 Nelken,
2 EL Sherry-Essig,
1/4 Liter Rotwein,
1/4 Liter Fleischbrühe,
1 Bund Petersilie,
100 g getrocknete Feigen.

Zubereitung:
Zwiebel und Möhren schälen und hacken. Den Knoblauch schälen und in Scheiben schneiden, den Speck klein würfeln. Danach das Fleisch in Würfel von etwa 1 cm schneiden.
Das Olivenöl in einem Topf erhitzen und die Fleischwürfel bei starker Hitze anbraten, salzen, pfeffern und herausnehmen. Den Speck im verbliebenen Bratfett anbraten. Zwiebel, Möhren und Knoblauch dazu geben.
Das Fleisch untermischen, Lorbeerblätter, Thymian, Pfefferkörner, Nelken und Salz untermischen. Mit Sherry-Essig und Rotwein ablöschen und die Fleischbrühe dazu gießen, so dass das Fleisch knapp von Flüssigkeit bedeckt ist. Alles langsam aufkochen lassen und zugedeckt bei schwacher Hitze 1 Stunde garen.
Zum Schluss die Petersilie waschen, die Blätter abzupfen und klein hacken. Lorbeerblätter und Nelken aus dem Fleisch nehmen. Die Feigen vierteln und mit der Petersilie etwa 10 Minuten vor Garzeitende unter das Ragout mischen.

Es gibt viele Wege

Arzua – Santiago de Compostela

Am Ziel. War's das?

Ein Freund, dem ich versprochen hatte, ihn direkt nach der Ankunft an der Kathedrale anzurufen, gratulierte mir überschwänglich. Warum eigentlich? Ich hatte ja nichts großartiges geleistet. Allenfalls etwas großartiges erlebt. Der Jakobsweg hat mir mehr gegeben, als er mir abverlangt hat.

Das Ziel aller Wünsche:
Die Kathedrale in Santiago de Compostela

Natürlich sind der Besuch der Kathedrale, der Pilgermesse und des Museums bei der Kathedrale geradezu ein „Muss" nach einer solchen Tour. Aber dieses Programm absolvieren auch viele, die mit dem Bus angereist sind. Mit anderen Worten: Deshalb muss man nicht den „Camino" gehen. Die „Peregrina" aus meiner Heimat, die ich kurz vor dem Ziel vor wenigen Tagen getroffen habe, hat mir mit Bedauern erklärt, dass sie sich jetzt allmählich Santiago nähere und dass sie täglich kürzere Etappen einlege, um nicht allzu schnell in Santiago zu sein. Diesen Wunsch hatte ich nie. Es bleibt bei dem alten Spruch: Das wirkliche Ziel ist der Weg. Aber es gibt viele Wege. Ich glaube, ich gehe im nächsten Jahr nach Rom.

Das Grab des Heiligen Jakobus in der Kathedrale

Zehn wichtige Ratschläge für Pilger

1. Vorbereitung

Völlig gleichgültig, von wo aus Sie in Richtung Santiago de Compostela los marschieren, ob aus Deutschland, ob aus Frankreich oder aus Spanien: Bereiten Sie sich gründlich vor. Ich beispielsweise habe dies über ein halbes Jahr getan. Ich bin täglich (meist auf zwei Etappen morgens und abends) zwischen 8 und 12 km gelaufen. Am Samstagmorgen um die 15 km und am Sonntag meist 25 bis 30 km, die dann allerdings schon mit Rucksack.

2. Schuhwerk

Wichtigstes Utensil ist Ihr Schuhwerk. Deshalb müssen Sie schon beim Kauf größten Wert darauf legen. Sparen Sie nicht am falschen Ende. In jedem Fall sollten Sie sich Wanderschuhe zulegen, die den Knöchel umschließen. Die Wege sind nämlich häufig sehr uneben und steinig und es kann leicht zu einer Verstauchung kommen. Ungeheuer wichtig aber bezüglich der Wanderschuhe ist auch, dass sie nicht nur gut sitzen, sondern in der Zeit der Vorbereitung auch gut "eingelaufen" wurden.

3. Socken

Fast so wichtig wie das Schuhwerk sind die Socken. Empfehlenswert sind Wollsocken. Sie dürfen auf keinen Fall rutschen, um wunde Stellen oder Blasen zu vermeiden. Das nämlich ist das Schlimmste, was einem Jakobspilger widerfahren kann. Kleiner Tipp aus der Erfahrung: Achten Sie darauf, dass Sie die Socken immer an den gleichen Fuß anziehen (ich habe meine Socken sogar mit „l“ und „r“ markiert) und wechseln Sie sie nicht zu häufig. (Ich habe es nur jeden fünften Tag getan und habe weit über 2.500 km ohne eine einzige Blase geschafft).

4. Gepäck

Beschäftigen Sie sich intensiv mit Ihrem Gepäck. Ich habe es wochenlang getan. Es war für mich in der Vorbereitung stets ein freudiges Ereignis, wenn ich von meiner Sammlung etwas wegnehmen konnte oder wenn ich einen weiteren unverzichtbaren Gegenstand hinzufügen „musste“. Ich kam am Schluss auf 16 kg in meinem Rucksack (12 für mich, 4 für meinen Hund). Bei der Auswahl aber denken Sie immer daran: Verzichten Sie auf alles Überflüssige, denn jedes Gramm, das Sie unnötig herumschleppen, macht sich auf Dauer bemerkbar. Und schließlich kann man unterwegs auch das eine oder andere kaufen.

5. Inhalt des Rucksacks

Natürlich müssen Sie Ihren Rucksack nach Ihren individuellen Bedürfnissen packen. Aber es gibt dennoch eine Reihe von Utensilien, die einfach „mit“ müssen. Die folgende Liste erhebt keinen Anspruch auf Vollständigkeit, sie muss aber auch nicht exakt so realisiert werden. Sie soll lediglich Anregungen geben und durch Ihre ganz persönlichen Gegenstände ergänzt werden.

- Wanderschuhe
- Bequeme Schuhe für abends
- Regenschutz (auch für den Rucksack)
- Pullover
- Jacke
- Zusätzliche Hose
- T-Shirts

- Langärmelige Hemden
- Unterwäsche
- Strümpfe, Socken
- Wasserflasche
- Necessaire (mit kleinen Tuben)
- Sonnencreme
- Taschenmesser mit Flaschenöffner und Korkenzieher
- Waschmittel
- Taschenlampe
- Blasenpflaster
- Erste-Hilfe-Material
- Reiseführer
- Wanderkarten
- Hut oder Mütze
- Sonnenbrille
- Fotoapparat (Filme nicht vergessen)
- Ausweispapiere
- Auslandskrankenschein

Das war der Inhalt meines Rucksacks

6. Kleidung

Die Temperaturen, die Luftfeuchtigkeit und die Regenhäufigkeit hängen nicht nur von den Jahreszeiten, sondern auch von den verschiedenen Landschaften ab. In der Sommerhitze der Meseta muss man andere Kleidung als im Frühjahr im kühlen Aubrac oder im Herbst im meist verregneten Galicien tragen. Deshalb kann es für die Kleidung nur einen Tipp geben: So bequem, so praktisch und so leicht wie möglich. Und zudem alles doppelt, damit man bei Nässe problemlos wechseln kann.

7. Apotheke

Unterwegs sind die Apotheken dünn gesät, vor allem in den wenig bewohnten ländlichen Gebieten Südfrankreichs und Nordspaniens. Deshalb empfiehlt es sich, die am wahrscheinlichsten gebrauchten Utensilien im Rucksack mitzuführen. Dazu gehören: Verbandszeug mit Mullbinden und Pflaster, um bei Verstauchungen die Knöchel zu entlasten. Dazu gehören aber auch Antiseptika und Desinfektionsmittel gegen Blasen sowie Mykotika zur Behandlung von Pilzerkrankungen. Schließlich kann es nicht schaden, eine entzündungshemmende Creme sowie vor allem im Frühjahr oder Herbst ein Schnupfenmittel sowie Pastillen gegen Halsweh zur Hand zu haben.

8. Ausweise und Papiere

Eigentlich gibt es nur zwei „Papiere“, die man immer mit sich führen sollte: Den Personalausweis und den Pilgerpass. Ersteren, um sich ausweisen zu können, letzteren, um nach der Heimkehr nachweisen zu können, dass man den Jakobsweg tatsächlich gelaufen ist. Ein weiterer Vorteil des Pilgerpasses: Wenn Sie von oder nach

Santiago de Compostela fliegen wollen, gibt es kräftige Rabatte. Besorgen kann man ihn sich am einfachsten über eine der unten angeführten Jakobusgesellschaften. Nicht schaden aber kann auch eine der üblichen Kreditkarten, falls unterwegs einmal das Geld knapp werden sollte.

9. Essen, Übernachten, Wanderkarten

Es gibt die verschiedensten Möglichkeiten zu übernachten. Am liebsten werden von den Pilgern die Refugios (das ist spanisch und heißt „Pilgerunterkunft") benutzt. Sie sind aber nur in Spanien in sehr vielen Ortschaften zu finden. Die Übernachtung in diesen Herbergen ist meist gratis oder zumindest sehr preiswert. Spenden sind jedoch jederzeit willkommen.
In Frankreich muss man sich meist mit Jugendherbergen, Gîtes oder Pensionen begnügen. Ich selbst habe in Hotels genächtigt, weil ich mit Hund aus verständlichen Gründen in kein Refugio durfte. Ganz hart gesottene übernachten im Freien. Die wenigsten allerdings haben ein Zelt dabei, weil es einfach zu schwer ist, dieses zusätzliche Gewicht mit sich herum zu schleppen. Tagsüber versorgt sich der zünftige Pilger aus dem Rucksack. Vor allem wichtig ist es, morgens mit mindestens einer gefüllten Wasserflasche loszuziehen. Richtig gegessen wird erst am Abend. Entweder im Restaurant oder im Refugio, wo meist eine Küche zur Selbstversorgung zur Verfügung steht.
Für den spanischen Teil des „Camino" gibt es im Everest-Verlag einen deutschsprachigen Führer mit dem Titel „Praktischer Pilgerführer" (ISBN-Nr. 84-241-3835-X). Er enthält u. a. ein Streckenprofil, ausführliche Informationen über Herbergen, Campingplätze, Hotels und Restaurants, detaillierte herausnehmbare Zeichnungen des Wegverlaufs durch die einzelnen Ortschaften.Für die Wege in Deutschland und Frankreich ist es schon etwas schwieriger, sich zurecht zu finden. Am besten besorgt

man sich regionale Wanderkarten. Etliche Buchhandlungen in Deutschland sind auf den Jakobsweg spezialisiert. Hilfreich ist entweder ein Blick ins Internet unter dem Suchwort „Jakobsweg“ oder eine Kontaktaufnahme mit einer Jakobusgesellschaft.

10. Jakobusgesellschaften in Deutschland

Deutsche St.-Jakobus-Gesellschaft
Harscampstr. 20 · 52062 Aachen
Tel.: 02 41/47 90 127

Fränkische St.-Jakobus-Gesellschaft
Keesburgstr. 1 · 97074 Würzburg
Tel.: 09 31/79 72 60

Santiago Freunde Köln
Melanchthonstr. 24 · 51061 Köln
Tel.: 02 21/64 50 44

Jakobusbruderschaft Rohrdorf
Kath. Pfarramt
Untere Dorfstr. 11 ·83101 Rohrdorf
Tel.: 0 80/32 52 52

Ultreia
Verein zur Förderung der mittelalterlichen Jakobswege
Löwenstr. 61 · 70597 Stuttgart (Degerloch)
Tel.: 07 11/76 00 66

Sankt Jakobusbruderschaft Düsseldorf
Rathausstr. 29 · 42659 Solingen

Wie *mein* Jakobsweg von der Presse begleitet wurde sehen Sie in Ausschnitten auf den folgenden Seiten

RHEINPFALZ 01.06.2001

Dieter Hörner auf Pilger-Pfaden

01_ESWZ

Dieter Hörner auf Pilger-Pfaden

2500 Kilometer zu Fuß

▸ SPEYER/BORNHEIM (güw). Vor dem Ortsbürgermeister von Bornheim und Beigeordneten der Verbandsgemeinde Offenbach, Dieter Hörner (60), liegen 2500 Kilometer Fußmarsch. In drei jeweils rund vierwöchigen Etappen will er die Strecke bis zum berühmten Wallfahrtsort Santiago de Compostela in Nordspanien zurücklegen. Gestern Morgen startete er in Speyer: an der übermannshohen Skulptur des Jakobspilgers in Sichtweite des Doms.

„Ich bin fit", erklärte der frühere langjährige Landtagsabgeordnete beim Abmarsch und verwies auf die in den letzten vier Monaten im Training zurückgelegten rund 1000 Kilometer. Begleitet wird der Mann mit dem schwarzen Filzhut, dem Denkmalshut original nachempfunden, von seiner einjährigen Labrador-Hündin Bella. In seinem extra leichten Rucksack hat der Südpfälzer alles dabei, was er unterwegs braucht – vom Schlafsack bis zu Wasserflaschen für sich und den Hund. Sein gesamtes Gepäck wiegt nur achteinhalb Kilo. Ende Juni will Hörner im gut 700 Kilometer entfernten Cluny sein. Dort bricht er ab, weil er seinen Amtsgeschäften als Dorfoberhaupt und seinem Beruf als freier Journalist nachgehen muss. Anfang September geht es dann von Cluny bis zur französisch-spanischen Grenze und im Mai 2002 von dort zum Ziel Santiago de Compostela. Im Schnitt will er jeden Tag 22 bis 24 Kilometer zurücklegen.

Gut gerüstet: Mit Hund und Hut macht sich Dieter Hörner auf den Weg. —FOTO: LENZ

FAZ 02.06.2001

Dieter Hörner will pilgern und nachdenken

Hat der Journalist Dieter Hörner in seiner Zeit als Zeitungsschreiber manchem Leser ein X für ein U vorgemacht? Hat der CDU-Politiker Dieter Hörner seine treuen Wähler, die ihn einst als Landtagsabgeordneten nach Mainz schickten, vielleicht hier und da auf die Schippe genommen? Hat der Bornheimer Ortsbürgermeister Dieter Hörner sich gar bei seiner Amtsführung mit Schuld belastet? Als Pilger auf dem Pfad, an dessen Ende der Besuch des Grabes des Heiligen Jakob im galizischen Santiago de Compostela Vergebung verspricht, will der sechzigjährige Protestant beim Durchmessen des zweieinhalbtausend Kilometer langen Jakobsweges jedenfalls kritisch „über manches im Leben nachdenken". Zeit dazu wird ihm beschieden sein. In diesem Sommer will er Cluny erreichen, nach einer Unterbrechung wegen anstehender Amtsgeschäfte winken im Herbst die Pyrenäen als Ziel, und im Mai 2002 wird Hörner mit schwarzem Pilgerhut, knorrigem Pilgerstock und seiner Hündin Bella durch Nordspanien nach Santiago weiterwandern. Der Schweiß, den das Unterfangen fließen lassen wird, ist nicht das einzige Opfer, das Hörner zu geben bereit ist. Nur Mineralwasser soll den Mund des Pilgers tagsüber netzen. Abend bleibt dann in der Herberge noch genügend Zeit für den Weinfreund, sich mittels eines guten Tropfens für den kommenden Tag zu stärken. Denn gute Gewohnheiten soll auch ein Büßer im Pilgergewand nicht ohne Grund aufgeben. (mtz.)

Dieter Hörner will pilgern und nachdenken

Zu Fuß auf dem Weg nach Santiago de Compostela

RHEINPFALZ 01.06.2001

IM BLICKPUNKT

Zu Fuß auf dem Weg nach Santiago de Compostela

Dieter Hörner gestern in Speyer gestartet – Vor ihm liegen 2500 Kilometer – Labrador-Hündin Bella seine ständige Begleiterin

▸ Seit gestern Morgen 9.05 Uhr ist Dieter Hörner, der Ortsbürgermeister von Bornheim, auf Tour in Richtung Santiago de Compostela. Seine Frau Helga („Ich finde es toll, was er macht") und ein paar Freunde verabschiedeten den Südpfälzer „Jakobspilger" am Jakobspilger-Denkmal in der Nähe des Speyerer Doms. Den Rucksack auf dem Rücken, einen schwarzen Filzhut auf dem Kopf und seine Labrador-Hündin Bella an der Leine marschierte der vor kurzem 60 Jahre alt gewordene Kommunalpolitiker los. Wir haben am 14. April über sein Vorhaben berichtet: „2500 Kilometer zu Fuß bis ans Ende von Europa."

Mit der Gelassenheit des viel gereisten Mannes stürzte er sich in das Abenteuer, das er sich zu seinem runden Geburtstag am 23. April selbst „geschenkt" hat. In drei Abschnitten von je vier Wochen will er die Gesamtstrecke auf dem Jakobs-Pilgerweg bis zu dem berühmten nordspanischen Wallfahrtsort bewältigen.

Er war kein bisschen aufgeregt, als es endlich losging. „Ich habe prima geschlafen", versicherte er. Fit? „Aber klar, schließlich habe ich in den vier Monaten Vorbereitungszeit fast jeden Tag trainiert, bin bis zu acht Stunden marschiert, habe rund 1000 Kilometer in den Beinen." Kein Bammel vor der unendlich langen Strecke? „Nein. Ich werde mich nicht übernehmen, setze mich unterwegs nicht unter Druck." Und warum ist er allein „on Tour"? „Ich laufe bewusst ohne Begleiter, um mich einmal ausgiebig mit mir selbst zu beschäftigen und über manches im Leben nachzudenken."

Gestern lief Hörner, von einem Freund am ersten Tag begleitet, bis Hördt. Ab Samstag geht es dann ins Elsass. In Landaus Partnerstadt Hagenau wird der frühere Landtagsabgeordnete als „Sonderbotschafter" eine Grußadresse von Oberbürgermeister Dr. Christof Wolff samt einem Minifläschchen Schnaps („Landauer Willi") bei Bürgermeister Dr. Pierre Strasser abgeben und später das gleiche tun beim Maire der zweiten elsässischen Partnerstadt Rappoltsweiler. Aus Gewichtsgründen wurde der Gedanke eines Landauer Weinpräsents schnell verworfen.

Auch wenn er sich selbst keinen Druck machen will · Ende Juni will Dieter Hörner das erste große Etappenziel Cluny erreicht haben. Denn ab 2. Juli muss er als Beigeordneter der Verbandsgemeinde Offenbach den in Urlaub gehenden Bürgermeister Manfred Seefeldt vertreten. Wie berichtet, nimmt der 60-Jährige die Strecke von Cluny bis zur französisch-spanischen Grenze im September 2001 unter die Füße, und den Rest von St. Jean-Pied-de-Port bis Santiago dann im Mai 2002.

Während des Laufens will der große Weinfreund Hörner nur Mineralwasser trinken. Aber abends, wenn er sein Tagebuch schreibt, soll ihn ein guter Tropfen für die Strapazen des Tages entschädigen. Möglicherweise wird das Erlebte später von ihm in einem Buch zusammengefasst. Unterwegs ist er per Handy stets erreichbar, und über diese moderne Gerät kann er sogar ins Internet schauen und sich über vieles informieren. Am Hosenbund hat er einen „Tacho" und weiß stets genau, wie viele Kilometer schon hinter ihm liegen.

Immer an seiner Seite wird Hörner seine Hündin Bella haben, die ihn schon im Training begleitet hat. Zumindest am Anfang wird er auch an dem einen oder anderen Tag einen Freund begrüßen können, der ihm nachreist und mitwandert. Der Chefarzt der Gynäkologie am Vinzentius-Krankenhaus Landau, Dr. Friedrich Blecha, will in der Gegend von Colmar zu dem auf der Strecke sicher nicht häufig einsamen Wanderer stoßen und mit ihm ein paar Tagesabschnitte marschieren.

„Ich freue mich sehr auf diese Pilgerwanderung", sagte Hörner gestern. Und gab noch ein kleines Geheimnis preis: Den schwarzen Filzhut hat die Hutmacherin Petra Thomas aus Speyer gefertigt: nach dem Vorbild des Jakobspilgers, der von Martin Mayer geschaffenen Skulptur. (güw)

—*Südwest*

Am Jakobspilger-Denkmal in Speyer, unweit des Doms, startete Dieter Hörner gestern mit Hündin Bella. —FOTO: LENZ

Begrüßung an historischer Stätte

Amtsblatt Hagenbach 15.06.2001

-7-

Ausgabe 24/2001

Begrüßung an historischer Stätte

An historischer Stätte begrüßten Ortsbürgermeister Franz Xaver Scherrer und Bürgermeister Dietmar Brand ihren Bürgermeisterkollegen Dieter Hörner, Ortsbürgermeister von Bornheim, auf seinem Pilgermarsch von Speyer in das spanische Santiago de Compostela. Der frühere Journalist und südpfälzische Landtagsabgeordnete hat sich dieses Pilgerabenteuer anlässlich seines 60. Geburtstages am 23. April dieses Jahres selbst „geschenkt". Der insgesamt 2500 km lange Weg zum berühmtesten mittelalterlichen Wallfahrtsort der Christenheit - Grablege des Apostels Jakobus - führte den modernen Jakobspilger über Hagenbach und Berg. Die Übergabe stärkender Mittel - u. a. „Echter Hagenbacher Brand" -erfolgte unter der Sandsteintafel der katholischen Pfarrkirche St. Michael, die vom Aufenthalt des Abtes Bernhard von Clairvaux zur Weihnachtszeit 1146 in Hagenbach kündet. Zuvor erhielt Dieter Hörner (2. von rechts mit Hündin Bella und einem Wandergefährten) von Helmut Rühm bereits eine Jakobsmuschel, das Symbol der Pilger, um den Hals gelegt.

Das ganze Unternehmen war bisher ein Riesenerlebnis

RHEINPFALZ 12.06.2001

IM BLICKPUNKT

„Das ganze Unternehmen war bish

„Jakobspilger" Dieter Hörner hat die ersten 280 km seiner Wanderung n

„Ich bin überrascht, wie gut ich bisher alles verkraftet habe." Dieter Hörner (60), Ortsbürgermeister von Bornheim und Beigeordneter der Verbandsgemeinde Offenbach, zog gestern in einem Telefonat mit der RHEINPFALZ eine erste Zwischenbilanz seiner „Pilgerwanderung", die ihn - wie berichtet - von Speyer bis nach Santiago de Compostela in Nordspanien (Gesamtstrecke 2500 km) führen soll. Sein Zielort war am Montag Rougemont-le-Chateau nördlich von Belfort. Er hat jetzt genau 280 km in den Beinen.

In Landaus beiden elsässischen Partnerstädten hat Hörner die Grußadressen von Oberbürgermeister Dr. Wolff abgegeben. Am Dienstag nach Pfingsten händigte er die Post im Vorzimmer von Bürgermeister Pierre Strasser aus, der wegen einer sich hinziehenden Sitzung im Haus nicht persönlich zu sprechen war. Und 45 Minuten wollte der Wanderer aus der Südpfalz nicht warten. Am Samstag war in Rappoltsweiler das Rathaus geschlossen. Deshalb gab der wandernde „Sonderbotschafter" Brief und Geschenk bei einem Bekannten ab, der beides Bürgermeister Jean-Louis Christ übergab.

Schon Blasen an den Füßen? „Nein, noch keine einzige - dank guter Socken und guter Schuhe", so des Pilgers Antwort. Bisher besondere Probleme gehabt? „Nein, keine. Ich bin gesund, meiner Hündin Bella geht es auch hervorragend. Es war kein Problem, jeden Abend ein Quartier zu finden." Wird er unterwegs als Jakobspilger (dank seines großen schwarzen Hutes) erkannt? „Ja. Im Elsass nahm mich eine Frau mit nach Hause, bewirtete mich mit Kaffee - damit ich ihrem Mann über den Pilgerweg etwas erzähle, den er selbst auch gehen will.

Eine kleine Begebenheit noch ir Pfalz schilderte Dieter Hörner: Leimersheim kam mir ein Mann einem Rennrad entgegen. 'En hab' ich ihn gefunden', rief er Nach dem Artikel und dem Bild i RHEINPFALZ suchte er mich, um mir eine Jakobsmuschel zu s ken. Ich trage sie jetzt um den

Am 31. Mai ist Hörner am Jak ger-Denkmal in Sichtweite des erer Doms gestartet. Er ist voll ir plan und geht davon aus, dass e Juni planmäßig in Cluny ist, der ziel der ersten Etappe. (Die beid teren Etappen folgen im Sep 2001 bzw. im Mai 2002). Ab muss er den Verbandsbürger von Offenbach vertreten. Sein nommenes Soll hat er an aller erfüllt. Er gab jedoch offen z habe jeden Tag Muskelkater in

Hörner bricht ab: Hündin verletzt

RHEINPFALZ 14.09.2002

Hörner bricht ab: Hündin verletzt

▸ Weil seine ihn von Anfang an begleitende Labradorhündin Bella sich an den Pfoten verletzte, musste Dieter Hörner, Bürgermeister von Bornheim, seine Pilgerwanderung nach Santiago de Compostela in Leon/Nordspanien abbrechen und kehrte gestern Abend in die Heimat zurück. Die letzten 300 Kilometer bis zum Ziel will der 61-jährige Journalist im Oktober allein zurücklegen. Er plant, am 1. oder 2. Oktober nach Leon zu fliegen und dann dort weiterzumachen, wo er jetzt aufhören musste. Bella konnte nach mehreren Teilstücken auf dem mit Splitt übersäten Jakobspilgerweg nur noch humpelnd laufen. (güw)

in Riesenerlebnis"

ago de Compostela gut hinter sich gebracht

ber nach den ersten 200 Schrit-
ht es wieder bestens." Seit ges-
at er für drei Tage einen Beglei-
n Chefarzt der Gynäkologie am
atius-Krankenhaus Landau, Dr.
ch Blecha.
abe es bisher nicht bereut, sich
as große Abenteuer eingelassen
oen, sagte der frühere Landtags-
rdnete, der weitgehend allein
hiert: auf Wald- und Radwegen,
ande von Asphaltstraßen. Zusam-
assend meinte er: „Die Stim-
ist hervorragend, das ganze Un-
hmen war bisher ein Riesenerleb-
s macht einfach Spaß: bei gutem
er mehr, bei Dauerregen - wie am
tag - etwas weniger."
den Abend lässt sich der große
freund Hörner einen guten Trop-
chmecken. Das gehört in Frank-
einfach dazu. Und gibt Kraft für
nächsten Tag. (güw)

Seit zwölf Tagen unterwegs nach Santiago de Compostela: Dieter Hörner. —FOTO: LENZ

Zweieinhalb Millionen Schritte
gen Santiago de Compostela

Sonntag-Aktuell 07.10.2001

Jakobs-Pilger Dieter Hörner wieder in Bornheim

Zweieinhalb Millionen Schritte gen Santiago de Compostela

Bornheim (tüi). Etappe zwei ist geschafft: Dieter Hörner, 60-jähriger ehemaliger Landtagsabgeordneter, ist am Mittwoch aus Südwestfrankreich in die Südpfalz zurückgekehrt – der Jakobspilger ist seinem Ziel, dem Wallfahrtsort Santiago de Compostela, 850 weitere Kilometer näher gekommen.

Zweieinhalb Millionen Schritte von je 60 Zentimetern hat der Schrittmesser gezählt, den Hörner schon im Juni trug, als er die ersten 650 Kilometer von Speyer nach Cluny wanderte (wir berichteten am 24. Juni und am 9. September). „Ich hatte überhaupt nichts mit Blasen. Es hat Riesenspaß gemacht", berichtete der Pilger gestern im Gespräch mit *Sonntag Aktuell*.

Obschon die zweite Etappe von Cluny in Burgund nach Condom in der Region Midi-Pyrénées „ungleich schwieriger" gewesen sei als Etappe eins: Das Terrain war nun bergig – Höhenunterschiede von bis zu 1000 Metern galt es an manchen Tagen zu bewältigen. Dennoch erhöhte Hörner im Vergleich zur ersten Tour im Juni seinen Tageskilometerdurchschnitt um zwei auf 30 Kilometer.

Dieter Hörner: Im Mai will er nach Spanien weiter wandern. Bild: Archiv/Van Schie

„Ich fühle mich sehr gut", so der 60-Jährige, der dieses Mal nicht nur Hündin Bella zur Begleitung hatte: Der ehemalige Edenkobener Bürgermeister Franz Schmidt (61) hatte sich dem kommunalpolitischen Kollegen – Hörner ist Bürgermeister von Bornheim – angeschlossen. Im Abstand einiger Dutzend Meter seien die beiden meist gewandert, so Hörner, und Bella immer hin und her zwischen ihnen, so dass die treue Hündin wohl gut 40 bis 50 Kilometer am Tag unterwegs gewesen ist.

Der politische Terminkalender zwang Hörner denn auch zum erneuten Zwischenstopp auf dem Weg nach Santiago. Im Mai 2002 soll es weiter gehen. 1040 Kilometer sind es noch von Condom aus. „Dafür brauche ich fünf Wochen", meint der Südpfälzer mit dem Charakterschnauzbart. Ob er das in einem Zug schafft oder nochmal die Strecke in zwei Etappen aufteilt, hängt vom Kalender im kommenden Jahr ab, erklärt Hörner gelassen. Bei zwei weiteren Etappen könnte Nummer drei in Pamplona enden.

Den Pilger hat beeindruckt, wie vielen Menschen aus aller Welt er beim Wandern begegnet ist. „Das sind immer interessante Gesprächspartner gewesen." Die Wege seien übrigens immer besser ausgezeichnet gewesen, je weiter er gekommen sei. Die Tourismusindustrie in Südwestfrankreich habe die Pilger längst als Markt entdeckt. So werden „Pilgermenüs" angeboten: „Vier Gänge für 30 Mark!", wie der Südpfälzer lobt. Die Unterbringung habe er stets von Tag zu Tag organisiert: „Am Abend vorher habe ich entschieden, wo ich am nächsten Tag landen könnte und dann im Führer nachgeschlagen und vorbestellt."

Seit er wieder in Bornheim ist, klingelt immer wieder das Telefon bei Hörners: Unzählige Bekannte und Unbekannte wollen Jakobspilger-Tipps, fragen sogar, ob sie mitwandern können. Gut eineinhalb Millionen Schritte fehlen noch bis Santiago de Compostela. *Sonntag Aktuell* wird berichten, wenn Dieter Hörner sie geht.

Sonntag-Aktuell 10.09.2002

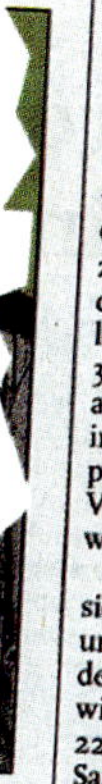

IM BLICKPUNKT

Hörner läuft und läuft: Das Ziel rückt näher

Der Jakobspilger und seine Quartier-Probleme

In der Werbung für VW heißt es: Er läuft und läuft... Dieser Slogan trifft auch auf Dieter Hörner, den Ortsbürgermeister von Bornheim, zu. Auch er läuft und läuft... Seit dem 2. September bis gestern Abend legte er schon wieder beachtliche 340 Kilometer zurück. Jetzt hat er auf seinem Weg zu Fuß von Speyer ins nordspanische Santiago de Compostela 2176 km auf seinem „Tacho". Vor ihm liegen noch etwa 350 km, weniger als vorausberechnet.

Der 61-jährige Journalist befindet sich, wie berichtet, auf der vierten und letzten Etappe seiner Pilgerwanderung. „Wenn es weiter so gut läuft wie zuletzt, werde ich am Sonntag, 22. September, vor der Kathedrale in Santiago stehen", sagte er gestern im Telefongespräch mit der RHEINPFALZ. Zur Zeit befindet sich Hörner nicht allzu weit entfernt von der spanischen Stadt Leon. Jeden Tag trifft er Jakobspilger der verschiedensten Nationalitäten, die das gleiche Ziel haben wie er. Aber er ist noch keinem begegnet, der so viele Kilometer in den Beinen hat wie er, weil er seine Tour nicht in Frankreich startete, sondern in Speyer, wenige Kilometer von seiner Heimatgemeinde entfernt.

„In den letzten Tagen hatte ich unterwegs Begegnungen mit einem Pfarrer aus München, einem Professor aus Tokio, einem Notar aus New York. Ich treffe Deutsche und Franzosen, Spanier und Italiener, Holländer und vor allem Amerikaner", berichtete Hörner. „Man redet miteinander, dann läuft jeder wieder allein für sich. Gruppen sind selten."

Das Wetter sei hervorragend, die Stimmung toll, und auch seiner Labrador-Hündin Bella (zwei Jahre alt) gehe es ausgezeichnet, sagte Dieter Hörner. Seit dem Start zur vierten Etappe in Pamplona habe es auf der Strecke noch keine besonderen Vorkommnisse gegeben. Und wie läuft's? „Hervorragend." Am Montag musste er 41 km marschieren, was mit seinem vorab gebuchten Quartier zusammen hing. „Ich war am Abend richtig gemolken, Bella ebenfalls", so der Jakobspilger.

Ein Problem hat er in Spanien, das er via München mit der ihm eigenen Pfiffigkeit täglich löst. Die spanischen Hoteliers sind nicht sehr hundefreundlich. Der Bornheimer Bürgermeister wurde schon einige Male abgewiesen, als er für sich und seine Hündin ein Quartier für die Nacht suchte. Einmal führte das in der vergangenen Woche angesichts von Absagen dazu, dass er abends so lange wie möglich in der Kneipe blieb, sich dann zum Schlafen auf einer Bank neben einer Kirche niederließ, den Hund darunter platzierte. Um 4 Uhr wachte er wegen der Kühle der Nacht auf, nahm seinen Rucksack und wanderte samt Bella in den erwachenden Tag hinein.

Inzwischen sieht die Lösung so aus (Originalton Hörner): „Ich telefoniere mit meiner in einem Münchner Hotel tätigen Tochter Katharina, die eineinhalb Jahre in Spanien arbeitete und die Sprache, im Gegensatz zu mir, bestens beherrscht. Sie ruft bei Hotels in Spanien an und sucht so lange, bis sie für mich ein Hotel gefunden hat. Da sie gut mit den Leuten verhandeln kann, klappt das bestens." (güw)

Hörner läuft und läuft:
Das Ziel rückt näher

Immer den gleichen Socken an den gleichen Fuß

Sonntag-Aktuell 27.10.2002

Im Interview: Jakobs-Pilger Dieter Hörner

„Immer den gleichen Soc

Dieter Hörner (61), von Beruf Journalist, im Ehrenamt Bürgermeister von Bornheim (Kreis Südliche Weinstraße) und früher viele Jahre Mitglied des rheinland-pfälzischen Landtags, hat sein selbst gestecktes Ziel erreicht: Als „Jakobspilger" hat er die 2600 Kilometer lange Strecke von Speyer (Start am 31. Mai 2001 in der Nähe des Doms) nach Santiago de Compostela (Nordspanien) auf fünf Etappen zu Fuß zurückgelegt (*Sonntag Aktuell* berichtete wiederholt). Die Pausen legte er nur ein, weil seine beruflichen Verpflichtungen einen gut dreimonatigen Urlaub an einem Stück nicht zuließen. Bis auf die letzten 307 Kilometer hatte ihn immer seine Labradorhündin Bella begleitet. Am Mittwoch kurz nach 17 Uhr stand Hörner vor der Kathedrale.

Dieter Hörner

Waren Sie Mitte dieser Woche froh, endlich am Ziel zu sein? Gab es jemals einen Punkt, an dem Sie ans Aufgeben dachten?

Natürlich war ich froh, als ich am Mittwoch, aus einer Entfernung von rund acht Kilometern mein Ziel, die Kathedrale von Santiago de Compostela, gesehen habe. Und erst recht hatte ich mich gefreut, als ich dann zwei Stunden später davor stand. Es soll allerdings Pilger geben, die beim Anblick der Kathedrale „in ein tiefes Loch" fallen, weil sie nun keine weiteren Ziele mehr vor Augen haben. Dies ist bei mir sicher nicht der Fall. Ans Aufgeben habe ich niemals gedacht. Allerdings habe ich mir bei extremen Witterungslagen oder extremen Anstiegen manchmal die Frage gestellt, warum ich das überhaupt begonnen habe.

Wie war das Gefühl, als Sie endlich in Santiago de Compostela waren?

Ich war schlicht und einfach glücklich, zufrieden und stolz, das Ziel erreicht zu haben. Und ich war dankbar, dass es mir ohne besondere gesundheitliche Probleme (Erkrankungen, Verstauchungen oder Blasen) gelungen war, die 2600 Kilometer zurückzulegen.

Welches Motiv stand hinter Ihrer Tour, haben sich alle Ihre Erwartungen erfüllt?

Sicherlich ist es nicht nur ein Motiv, das hinter einer solchen Tour steckt. Bei mir wa es zum einen eine religiöse Neugier, mitzuer leben, welche Motive andere Menschen be wegen, diese älteste Pilgerstrecke – schließ lich war der Weg zum Cap Finisterre, den Ende der bis zum Jahr 1492 bekannter Welt, schon lange vor der Christenheit eine häufig benutzte Strecke – zurückzulegen.

Darüber hinaus aber ist eine solche Wan derung sicherlich auch ein Stück „Ausstieg auf Zeit", und sie kann mit dazu beitragen

ken an den gleichen Fuß"

sich einmal Gedanken über sich selbst zu machen. Schließlich aber geht es auch um ein Ausloten der eigenen Leistungsfähigkeit. Und was das anbetrifft, bin ich durchaus mit dem Erlebten zufrieden.

Wenn jemand, der ebenfalls gut zu Fuß ist, diese Pilgerwanderung nachmachen will – worauf sollte er am meisten achten?

Ganz wichtig ist natürlich eine allen Witterungslagen angepasste Kleidung sowie ein gut eingelaufenes Schuhwerk. Die Kleidung beginnt bei den Socken, die man auf keinen Fall täglich wechseln darf. Man sollte streng darauf achten, dass der gleiche Socken immer an den gleichen Fuß kommt. Ebenso sollte der Rucksack modernsten Ansprüchen gerecht werden (leicht, mit Gurten und in allen Richtungen verstellbar). Achten sollte man vor allem auch darauf, dass das Gepäck möglichst beschränkt wird. Ideal sind um die zehn Kilogramm.

Wie viel Kondition ist erforderlich, um solch einen Marsch durchzustehen?

Ich habe mich zunächst intensiv auf diese Tour vorbereitet, das heißt, ich bin in den letzten Wochen vor der jeweiligen Wanderung täglich mindestens acht Kilometer gelaufen, wenn möglich an Wochenenden auch zwischen 20 und 30 Kilometer. Wichtig ist auch, dass man beim Start der jeweiligen Etappen nicht zu stark angeht, sondern die tägliche Kilometerleistung allmählich steigert. Das hat bei mir beispielsweise dazu geführt, dass ich es nach mehreren Tagen sogar bis auf eine Leistung von 44 Kilometer gebracht habe.

Würden Sie Interessenten raten, aus Gründen der Unabhängigkeit, aber auch um unterwegs in großer Ruhe nachdenken und meditieren zu können, so wie Sie allein zu wandern?

Es muss nicht unbedingt sein, dass man die Tour allein macht, um in großer Ruhe nachdenken oder meditieren zu können. Das Alleinsein ergibt sich ohnehin aus den unterschiedlichsten Laufgeschwindigkeiten. Ich habe unterwegs viele Paare oder Gruppen getroffen, die schon nach wenigen Kilometern weit auseinander gesprengt waren, sich dann aber an Rastplätzen, an interessanten Aussichtspunkten, in Refugien oder in Hotels wieder getroffen haben.

Wem würden Sie dringend abraten, eine solch anstrengende Tour bei Wind und Wetter zu unternehmen?

Allen Fußkranken und all denjenigen, die kein Interesse an romanischer Baukunst, an religiösen Themen und an wunderschönen Landschaften haben.

Finden Ihre Erkenntnisse Niederschlag in Form eines Buches mit Tipps, Hinweisen aller Art et cetera?

Ich möchte zunächst einmal erreichen, dass sich die Eindrücke über diese Wanderung bei mir setzen. Ob dann daraus nach einiger Zeit ein Büchlein mit Tipps und Hinweisen aller Art entsteht, will ich zur Zeit nicht ausschließen. (Bild: Archiv/Thüring)

Die Fragen stellte Günter Werner

RHEINPFALZ 16.09.2002

Rücksicht auf Bella

Warum Hörner seine Pilgerwanderung unterbricht

▸ Das hätte sich Jakobspilger Dieter Hörner, der Ortsbürgermeister von Bornheim, vor wenigen Tagen nicht träumen lassen, dass er am Sonntag an der kulinarischen Weinbergswanderung in Siebeldingen teilnehmen würde. Weil er seine Pilgermarsch von Speyer nach Santiago de Compostela in Nordspanien wegen der Verletzung seines Hundes rund 300 Kilometer vor dem Ziel abbrechen musste (wie am Samstag kurz gemeldet), ist er vorzeitig in die Südpfalz zurückgekehrt.

Schweren Herzens habe er in der Nähe von Leon seine Wanderung unterbrochen, sagte Hörner gestern auf Anfrage. Aber seine Labradorhündin Bella (2) habe ihn mit ihren wund gelaufenen Pfoten so traurig angeschaut, dass er sich zur Unterbrechung entschlossen habe. Der 61-Jährige berichtete: „Der Jakobspilgerweg in Spanien ist teilweise neu hergerichtet worden. Ganz feiner, spitzer Splitt ist aufgebracht, für einen Wanderer mit guten Schuhen kein Problem, aber für einen Hund alles andere als ideal." Bella habe „geknappt" und nur noch unter Schmerzen laufen können. Natürlich hätte er ein paar Tage warten können, ob die kleinen Wunden mit Salbe verschwinden. Aber, so Hörner, das Ganze sei ihm zu ungewiss gewesen.

Als der Journalist und ehemalige RHEINPFALZ-Redakteur mit dem Zug von Leon nach Vitoria fahren wollte, wo er sein Auto abgestellt hatte, wurde ihm beim Lösen der Fahrkarte unmissverständlich klar gemacht, dass in spanischen Zügen keine Hunde mitgeführt werden dürfen. Da auch die Taxifahrer sich weigern, einen Hund mit einsteigen zu lassen, stand Hörner vor dem Problem, die Rückfahrt auf andere Art zu bewerkstelligen. Ehe er daran dachte, sich ein Auto zu mieten, kam ihm eine Idee.

Dieter Hörner rief in Vitoria Ernst Wünstel an, den früheren Vorsitzenden der CDU-Fraktion im Kreistag Germersheim. Der Südpfälzer ist einer von fünf Generaldirektoren im Daimler-Chrysler-Werk Vitoria, wo der „Vito" produziert wird. Der Parteifreund schickte einen „Vito" mit deutsch sprechendem Fahrer und ließ seinen Landsmann abholen.

Hörner und seine Hündin Bella.

Noch rund 300 Kilometer muss der Bürgermeister von Bornheim zurücklegen, bis er vor der berühmten Kathedrale von Santiago de Compostela steht. Anfang Oktober fliegt er – ohne Hündin Bella – nach Leon und läuft dort weiter, wo er jetzt abgebrochen hat. Mit dem Flieger geht es ab Santiago dann nach Deutschland zurück.

Und wie geht es Bella? Diese Frage wurde Hörner gestern öfter gestellt. Der Hündin geht es wieder gut, auf weichem Untergrund kann sie bereits problemlos laufen. Nur Santiago wird sie nicht erreichen – irgendwann Mitte Oktober... (güw/Foto: van)

„Jacobspilger" Hörner

Empfang für

RHEINPFALZ 23.10.2002

VERBANDSGEMEINDE
OFFENBACH

Empfang für „Jakobspilger" Hörner

BORNHEIM. Heute zwischen 17 und 18 Uhr wird Bürgermeister Dieter Hörner, der „Jakobspilger" aus Bornheim, nach rund 2600 Kilometern Fußmarsch – verteilt auf fünf Etappen – am Ziel sein und vor der Kathedrale im nordspanischen Santiago de Compostela stehen. Gestern legte er 32 km zurück, heute muss er noch 38 km marschieren. Wie mehrfach berichtet, hat Hörner seine Wanderung in Speyer in der Nähe des Domes am 31. Mai 2001 gestartet. Freunde wollen den „Pilger" am Donnerstag gebührend empfangen. Er kommt am frühen Abend mit dem Flugzeug in Frankfurt/Main an und wird gegen 20.30 Uhr in seiner Gemeinde sein, wo sich unter der Überdachung am Bouleplatz alle einfinden können, die dem 61-Jährigen Respekt für seine Leistung zollen wollen. Ein Fass Wein steht zum Anstoßen bereit. (güw)